W9-BVN-299

Don Juan Tenorio

Don Juan Tenorio

José Zorrilla

Copyright © EDIMAT LIBROS, S. A.
C/ Primavera, 35
Polígono Industrial El Malvar
28500 Arganda del Rey
MADRID-ESPAÑA
www.edimat.es

Copyright © para esta edición:
PERYMAT LIBROS, S.A. de C.V.
Poniente 134 Nº 650 Col. Industrial Vallejo
02300 México D.F.
MÉXICO

ISBN: 978-84-9764-925-4
Depósito legal: M-4959-2007

Colección: Letras mayúsculas
Título: Don Juan Tenorio
Autor: José Zorrilla
Introducción: Luis Gaspar Labarga
Diseño de cubierta: Juan Manuel Domínguez
Impreso en: COFÁS, S. A.

IMPRESO EN ESPAÑA – *PRINTED IN SPAIN*
2007

JOSÉ ZORRILLA

DON JUAN TENORIO

Por Luis Gaspar Labarga

Frente a la postura de autores que, como Espronceda, representan los anhelos de una clase media que cada vez expresa con más fuerza la exigencia de sus derechos, se yergue la defensa de un romanticismo católico y aristocratizante que contempla con una mezcla de miedo y desprecio la creciente falta de respeto ante la fundamentación de sus privilegios. Nos encontramos con una España claramente dividida en sus élites intelectuales pero en la que el pueblo llano y gran parte de la clase media baja desoyen los llamamientos de un Larra para reivindicar unos derechos universales como los surgidos de la Francia revolucionaria. En la España de la época de Zorrilla se confunden los ecos lejanos de dicha revolución con las recientes heridas, aún no cicatrizadas, de la invasión francesa. El amor-odio por lo francés que sienten los intelectuales españoles unido a un descontento general frente a una monarquía cada vez más ineficaz y vergonzosa, pero temible, exalta los ánimos en todos los sentidos. Por un lado encontramos los ya mencionados impulsos democráticos y liberales e incluso afanes socialistas que conviven con la reacción más acharolada y huera de una aristocracia endogámica e incapaz que se muestra inepta a la hora de desarrollar o siquiera mantener su propia riqueza. La ineptitud del reinado de Fernando VII, causa y efecto de esta situación, marcará las fechas posteriores y hará de España una pequeña caja de resonancia de sus propias voces radicalizadas cuyo eco las confundirá entre sí, haciendo de todo esfuerzo por sacar adelante a la nación una labor estéril a largo plazo. Casi cuarenta años después de la Revolución Francesa tiene lugar esa lucha sorda entre una parte de la clase media y media baja frente al absolutismo y la cultura del privilegio. Las huellas de esta batalla, perdida para la nación, perdurarán hasta el último tercio del siglo XX con algunos breves y fracasados momentos de nuevo impulso como la I y la II República. Las posturas se radicalizan y polarizan a medida que el siglo XIX va llegando a su mitad. Una literatura *atea* —así calificada por sus adversarios— se enfrenta a un catolicismo ultraconservador heredero del Antiguo Régimen. Pero en ambos polos el romanticismo ha penetrado y cada uno lo hace suyo de una manera distinta en apariencia. El conservadurismo que clama contra la anarquía y la falta de respeto por los valores eternos de Dios, Patria y Rey adopta las formas románticas a su mundo de títulos y mitras. Esta postura, triunfadora de la guerra contra Francia tras las cortes de Cádiz, se ha ido encerrando en sí misma con el paso de los años haciendo así al liberalismo antagónico igualmente radical. Una cierta decadencia invade los círculos culturales de ambas españas. De esta forma la nación no sólo quedará bloqueada entre el enconamiento de ambos movimientos sino que esas propias fuerzas contrarias perderán pujanza y harán de España un lugar donde el signo de los tiempos que corren en Europa se despliegue siempre más tarde y sin el ímpetu preciso. No hay que entender el romanticismo conservador como un producto natural de la clase aristocrática y aristocratizante española sino que también éste debió templar sus ímpetus para no parecer sospechoso a un gran número de grupos de presión religiosos, militares y políticos a los que toda novedad era sospechosa de herejía y ante la cual acudían rápidamente a las censuras civiles o religiosas —como la inquisición, que mantuvo su poder hasta el siglo XIX— apoyados por cañones, decretos y crucifijos. Los románticos conservadores tuvieron no sólo que ser tradicionalistas sino parecerlo pues el romanticismo alemán y francés eran más temidos que admirados por la gran mayoría de los privilegiados del escalafón social. Las figuras catalizadoras de este romanticismo serán personajes como Jaime Balmes o Donoso Cortés y también, aunque en menor medida, José Zorrilla. Pero no podemos hacernos una idea clara y distinta de lo que era esa corriente conservadora tan influyente a través de figuras como las anteriormente citadas pues su talento oculta muchas de las estrecheces intelectuales de esa clase y magnifica sus virtudes. El pulso político e intelectual se manifiesta en folletines, diarios y revistas, que abundan en esos tiempos. Una de las revistas de mayor influencia en ciertos sectores conservadores llevaba el nada ambiguo título de *La Censura* y en ella, como en otras del mismo espíritu, se protestaba vehementemente contra la difusión de las novelas y tratados por entregas, suponiendo con ello la *contaminación* del pueblo llano de ideas perniciosas y heréticas. En este clima casi cismático en lo ideológico escribe José Zorrilla su *Don Juan Tenorio*, un don Juan romántico por lo excesivo y religioso en su contrición final. Debido a la profunda ideologización que emanaba para sus contemporáneos esta obra encontramos una acogida irregular durante el siglo XIX por parte de la intelectualidad del momento, que no del público, que desde sus primeros momentos mostró su gusto por una representación de un personaje tan español en su afirmación y en sus contradicciones. Podemos apreciar este rechazo más ideológico que artístico en una figura como la de Pi y Margall, que en un delicioso opúsculo en el que analiza la figura del gran conquistador ensalza la versión de Tirso y encuentra en la de Zorrilla diversos defectos, por detrás de las de Moliére, Byron y Dumas. No tenemos motivos para dudar de la sinceridad de Pi y Margall en su crítica del *Tenorio* aunque sí de su capacidad para librarse de la imantación ideológica que durante mucho tiempo ha polarizado la expresión artística y política de los españoles. A falta de un periodo revolucionario como el francés, la relación tesis-antítesis-síntesis que parece gobernar los periodos históricos se ha visto modificada por las circunstancias que, a principios del XIX, supuso la invasión del territorio nacional de una Francia con ecos revolucionarios que hizo unirse a España frente al invasor pero que retrasó indefinidamente el sarampión revolucionario que toda patria necesita para desplegarse unida y libre. Los ardores guerreros frente al invasor servían para conjurar todos los males que aquejaban el sistema monárquico del momento. En uno de los más célebres poemas sobre la invasión francesa podemos leer:

Y suenan patrias canciones
cantando santos deberes,
y van roncas las mujeres
empujando los cañones;
al pie de libres pendones
el grito de patria zumba.
Y el rudo cañón retumba,
y el vil invasor se aterra,
y al suelo le falta tierra
para cubrir tanta tumba...
(*¡Dos de Mayo!*, Bernardo López García)

La invasión de la Francia surgida de una revolución unió a los españoles contra la amenaza extranjera y los expuso a la amenaza interna que suponía Fernando VII, un rey que representaba la más rancia tradición española de la forma más inepta y ruin. Los generales y aristócratas que apoyaron la vuelta del rey lo hicieron, en gran medida, como mal menor frente a la supuesta anarquía que otra fórmula política supondría para España. El enconamiento de las posturas se hizo inevitable, máxime cuando los defensores del orden regio sabían del daño y las traiciones que el soberano hacía a la patria. La propia inseguridad de los defensores de la monarquía tuvo como resultado una radicalización de las posturas en las que debían incluirse los españoles indefectiblemente. José Zorrilla no era de natural tan conservador ni religioso como le obligaron a ser y parecer los tiempos —y prueba de ello es, paradójicamente, su *Don Juan*— ni los detractores de la reacción estaban tan lejos de esa forma hispana de ver la vida, del sentimiento trágico de la vida como sentimiento genuinamente español. El análisis ideológico de la figura de don Juan Tenorio nos facilitará el análisis de la personalidad rica y compleja de su autor en medio de la idiosincrasia polémica española.

Don Juan Tenorio comienza con su protagonista enmascarado renegando del pueblo que celebra el carnaval con el archiconocido *¡Cuán gritan esos malditos!* En este comienzo avistamos el primer rasgo de desprecio hacia el pueblo por parte del aristocratizante don Juan, que, sin embargo, se encuentra en una hostería popular que poco o nada tiene de aristocrática. Dice don Diego en un aparte:

¡Que un hombre de mi linaje descienda a tan ruin mansión!

De esta forma comienza *Don Juan Tenorio*, en una taberna en la que se han dado cita los dos campeones del calaverismo: don Juan Tenorio y don Luis Mejía. La obra parece apuntar en un principio hacia el enfrentamiento entre ambos como asunto principal. De este modo se encubre la verdadera figura de don Juan: una figura trágica. Es don Juan un héroe trágico porque está marcado por el tiempo, que todo lo ve, y que le alcanzará a pesar suyo. La diferencia con los héroes griegos es la imposibilidad radical de su éxito. No sólo está arrastrado por un destino que le llevará a la contrición piadosa en medio del dolor como a un Edipo, sino que su anhelo romántico de totalidad se muestra inalcanzable. Si el mencionado Edipo pretende *simplemente* la salvación de Tebas y un gobierno justo y mesurado, don Juan Tenorio pretende amar a todas las mujeres y vencer a todos los hombres. Amándolas se siente vencedor y venciendo a los otros se siente merecedor de seguir amando, luchando y viviendo.

Pero es imposible amar a todas las mujeres y vencer a todos los hombres. Cuando sus hazañas acaban de ser probadas en la lectura de las listas con don Luis, comienza otra empresa, más difícil y más inmediata, que le deparará el final trágico, como a Edipo el camino hacia Tebas y el reto de la Esfinge le preparan para su terrible final. Don Juan es un héroe que arrastra el dolor de lo incompleto de su tarea. Condenado a amar a las mujeres y a retar a los hombres, su deseo no tiene fin y encuentra la cura a este deseo nunca satisfecho de la vida en la tragedia del amor no realizado y de la humillación ante otro hombre. Don Juan Tenorio ama realmente a doña Inés. Su amor, que surge del desafío, llega a una pureza sincera que hace de él un espíritu absolutamente contradictorio, absolutamente español.

Empezó por una apuesta
siguió por un devaneo,
engendró luego un deseo,
y hoy me quema el corazón.

Siente don Juan el deseo del amor puro, ha encontrado la fuente que saciará su sed eterna de conquista y le permitirá la paz consigo mismo y con Dios. Y la ha encontrado en medio de un lance de bravucones llevado por la frivolidad del temerario. Don Juan se enamora y allí se enfrenta a su destino. Él, en el destino de la figura del conquistador, se encuentra el amor y en ese encuentro se materializa su desgracia porque será un amor del que no podrá disfrutar por su propia naturaleza. Cuando el protagonista de *Las amistades peligrosas*, el vizconde de Valmont, descubre el amor, con el que ha estado jugando toda su vida, prefiere dejarse matar a vivir enamorado, sintiendo que su vida ha llegado a puerto, ha llegado a su Ítaca; entonces, ¿para qué vivir? Don Juan también ha encontrado la satisfacción de completar su deseo. Se aferra a ella, pero su vida, su pasado y su propia naturaleza juegan en su contra, la personalidad, salvoconducto del destino, no se puede cambiar. Don Juan no decide morir al encontrar el amor como hace Valmont. El conquistador español arrostra la soledad y la vuelta a la búsqueda sin fin. Pero esta vez ya ha conocido la posibilidad de esa satisfacción. La propia esencia de don Juan le impide disfrutar del amor y le obliga a un trance más duro que el del vizconde de Valmont: vivir en el anhelo eterno una vez conocido y abandonado su remedio, su doña Inés.

Don Juan Tenorio es un ejemplo de romanticismo tardío español que ha penetrado en la conciencia colectiva y cuyo éxito desbancó a *El convidado de piedra* de los escenarios hasta reducirlo a una obra de escasa representación. Pero, ¿qué hace del *Don Juan* de Zorrilla tan español? Podemos decir que el *Tenorio* aúna lo más español de *El burlador de Sevilla* y *El convidado de piedra*. La figura del caballero libertino creada por Tirso de Molina aparece remozada por Zorrilla en un intento no de innovación sino de recreación de la tradición. Es en este respeto a la tradición tal como podía ser entendida desde el tardorromanticismo español lo que la hace diferente, paradójicamente. Es el continuo revolverse del deseo de infinito insatisfecho lo que diferencia básicamente el personaje zorrillesco del tirsiano. No es un personaje adulto en la medida en que lo es en *El convidado de piedra* o en *El burlador de Sevilla* sino que, fruto de esa inconmensurabilidad de la empresa donjuanesca, está constantemente en formación y cambio frente a su antagonista de la primera parte, don Luis Mejía, que es un calavera formado y crecido y, quizá por eso se nos antoje más desdibujado. Don Luis es un canalla más canalla que don Juan puesto que se enorgullece de asuntos en los que nunca se involucraría el canalla honorable de Tenorio a pesar de que afirme:

Por donde quiera que fui,
la razón atropellé,
la virtud escarnecí
a la justicia burlé
y a las mujeres vendí.

Don Luis Mejía confiesa:

En tan total carestía
mirándome sin dineros
de mí todo el mundo huía;
mas yo busqué compañía
y me uní a unos bandoleros.
Lo hicimos bien, ¡voto a tal!,
y fuimos tan adelante,
con suerte tan colosal,
que entramos a saco en Gante
el palacio episcopal.

En seguida nos hemos dado cuenta de que don Juan es superior a don Luis y no sólo en número de fechorías sino en la calidad de éstas. Tenorio nunca se hubiera dedicado al pillaje y al bandolerismo pues late en su pecho un honor que le permitirá perder su orgullo ante el amor y don Gonzalo. Don Luis no parece más que una copia defectuosa de la figura de don Juan y, siendo inferior en lances y amores, aventaja en desvergüenza a don Juan, precisamente por su papel de segundón. Intenta imitar a don Juan, cuando éste dice:

Esto escribí; y en medio año
que mi presencia gozó
Nápoles, no hay lance extraño,
ni hay escándalo ni engaño
en que no me hallara yo.

En consiguiente relato de sus hazañas, don Luis afirma:

Esto escribí; y en medio año
que mi presencia gozó
París, no hubo lance extraño,
no hubo escándalo ni engaño
donde no me hallara yo.

En el paralelismo aparente entre don Juan y don Luis se esconde la diferenciación de la fuerza de la naturaleza que es don Juan. En este aspecto se ha querido ver una suerte de satanismo en ciertos aspectos de la obra. En el diálogo que sigue al desenmascaramiento de don Diego Tenorio:

DON JUAN: *¡Reportaos, por Belcebú!*
DON DIEGO: *No; los hijos como tú*
son hijos de Satanás.

O más adelante la pérfida y beata Brígida le dice a don Juan: *Vos si que sois un diablillo* poco antes de que doña Inés lea la carta a la que atribuye *un encanto maldito*, una doña Inés que, frente a este satanismo donjuanesco, es calificada como *ángel de amor.*

Pero estas referencias al diablo, tan frecuentes en una nación tan religiosa como la España de la época, no hacen sino unir la tradición patria con los influjos mefistofélicos de la época romántica. Encontramos en los personajes de la obra un catálogo casi completo de los tipos básicos en la literatura española. En la rigidez moral de don Gonzalo o de don Diego nos encontramos con personajes que podrían haber sido creados perfectamente por Calderón, en Brígida a una Trotaconventos de libro y en Lucía, a la criada infiel que permite acercarse al pretendiente adinerado. En este aspecto encontramos una serie de arquetipos unidos a la unión de *El convidado de piedra* y *El burlador de Sevilla* y a otros aspectos del mito de don Juan que podemos pensar que Zorrilla realizó más un trabajo de recopilación que de creación. Sin duda el trabajo del autor no pretende ser novedoso y original, sino reflejo de la tradición que se reivindicaba desde una parte de la sociedad española. Ahora bien, este aspecto esencial en su españolidad de la obra no fue producto de un plan elaborado sino un impulso espontáneo de un joven Zorrilla, que recoge el mito de don Juan sin apenas información al respecto. En un ensayo antes mencionado de Pi y Margall sobre el *Tenorio* de Zorrilla se señala que el autor había copiado mucho y mal de Dumas y a esto se debía su inferioridad frente a los otros. Si hemos de creer a José Zorrilla y a su declaración de espontaneidad en la redacción del *Tenorio* podemos deducir entonces que su éxito inmediato en España se debió al talento de un autor que supo transmitir antes de cumplir la treintena los aspectos esenciales de la nación. El tema de se remonta a la primera versión dramática de Gabriel Téllez y a la posterior de Tirso de Molina: un conquistador y casi temerario retador que no se asusta ante la muerte y los difuntos. En estas versiones españolas el personaje lleva tras de sí el escándalo y el desafío, y en la de Zamora y la de Zorrilla el protagonista apela a la piedad divina en la eternidad del último instante de la vida. Pero el don Juan de Zorrilla es menos monolítico que el personaje de Zamora. Este último es un frívolo burlador de honras a doncellas y difuntos mientras que en el *Tenorio* que nos ocupa encuentra el amor en la pura y angelical doña Inés. Una doña Inés angelical, que lleva a cabo un sacrificio de Virgen María medianera para salvar a su amado, al que sigue amando y defendiendo incluso un instante después de haber matado a su padre, don Gonzalo:

TODOS: *¡Justicia por doña Inés!*
DOÑA INÉS: *Pero no contra don Juan.*

Doña Inés se sacrifica por don Juan no tanto por estar enamorado de él sino por la profunda piedad de un ángel de amor que ha vivido hasta esa misma noche en el convento. Del mismo modo que la presidenta de Tourvel ama a Valmont a pesar de su adulterio sin perder sus convicciones religiosas ama doña Inés a un don Juan realmente enamorado y dispuesto a reformarse. En el caso de *Las amistades peligrosas* Valmont prefiere morir a dejar de ser como ha sido, en el *Tenorio* don Juan intenta cambiar, pero su fama y el destino se lo impiden. Pero, ¿qué debemos entender por el destino en este caso? Es evidente que sobrepasa al objeto de esta introducción hacer un ensayo sobre el destino, más apropiado para un esfuerzo filosófico y filológico en el que deberíamos remontarnos hasta la *Ilíada* homérica, pero sí podemos establecer unas líneas básicas acerca del impulso conquistador donjuanesco. En los protagonistas de Zamora, Tirso, Molière, Byron, Laclos, Dumas y Zorrilla encontramos algo común a todos. don Juan (o Valmont o Casanova) no puede evitar ser como es y ahí precisamente se encuentra el cifrado de su destino. Su naturaleza es conquistar, del mismo modo que la naturaleza del escorpión es picar. Don Juan no pueden evitar ser como es como tampoco pueden evitarlo Valmont o Casanova. Estos personajes llevan su devenir en su esencia, un devenir que se despliega en las contingencias de la vida cuando encuentra el objeto donde desplegarse. El conquistador puede necesitar la espada de un don Juan además de la conquista para dar sentido a su búsqueda sin fin o la intriga casi amanerada de un Valmont para añadir interés a su lucha. Seguramente don Juan no podría sobrevivir en la decadencia de la Francia prerrevolucionaria y Valmont moriría pronto o quedaría como un cobarde en la Sevilla del siglo XVI. Pero ambos son hijos de sí mismos y sus actos y su naturaleza son indiscernibles, por encima del común de los mortales, que toma aquello que se le ofrece en la vida y no aquello que busca. El cobarde, como el tacaño o el déspota, no puede evitar serlo, del mismo modo que un conquistador nunca dejará de serlo: el destino que lleva en su sangre le obligará a ello.

Estructura e ideario

Don Juan Tenorio y don Luis Mejía se dan cita un año después de su apuesta para comprobar los resultados de la misma. Mientras enumeran sus hazañas amorosas y guerreras, don Diego, padre de don Juan, y don Gonzalo, comendador y padre de doña Inés, escuchan asombrados el relato de los hechos.

DON JUAN: *Del mismo modo arregladas*
mis cuentas traigo en el mío:

en dos líneas separadas,
los muertos en desafío
y las mujeres burladas.

Una vez sumadas las conquistas y los muertos en lance de cada uno de los apostantes queda don Juan como vencedor sobre don Luis, que acepta su derrota. Un lógico resquemor de retador empuja a don Luis a establecer un nuevo reto: en la lista de mujeres burladas de don Juan se encuentran:

desde la princesa altiva
a la que pesca en ruin barca
no hay hembra a quien no suscriba (...)
Yo a las cabañas bajé,
yo a los palacios subí,
yo a los claustros escalé,
y en todas partes dejé
memoria amarga de mí (...)
Desde una princesa real
a la hija de un pescador
¡oh!, ha recorrido mi amor
toda la escala social.

Pero don Luis, herido en su orgullo, le señala una última conquista que añadir a su lista de conquistas:

Sí, por cierto, una novicia
que esté para profesar.

Ante esto, don Juan responde con un órdago que es el origen de la trama que se sucederá a lo largo de la obra.

¡Bah!, pues yo os complaceré
doblemente, porque os digo
que a la novicia uniré
la dama de algún amigo
que para casarse esté.

Don Gonzalo, escandalizado por la inmoralidad de las aventuras de don Juan y, sobre todo, por la que se dispone a emprender, se levanta de la mesa, donde ha permanecido inmóvil y enmascarado hasta ese momento, y exclama:

Y adiós, don Juan;
mas desde hoy
no penséis en doña Inés.
Porque antes de consentir
en que se case con vos,
el sepulcro, ¡juro a Dios!,
por mi mano la he de abrir.

Aquí ya nos encontramos con que el destino, que ha permitido que el comendador escuche las hazañas inmorales de don Luis y don Juan, se ve ayudado por la inercia del espíritu de don Juan Tenorio, que cuanto mayor sea el desafío y la posibilidad de escarnecer la virtud, más se sentirá impelido a afrontar la nueva situación que él mismo creará. El carácter de don Juan marca de forma peculiar su propio *fatum*. Las cartas ya están echadas y ya la acción es imparable: don Luis y don Juan se han vuelto a retar pero en este caso está en juego el honor y la vida de los dos calaveras además de la de don Gonzalo.

DON LUIS: *Satisfecho quedaré*
aunque ambos muramos.
DON JUAN: *Conque, señores, quedamos*
en que la apuesta está en pie.

Entre el primer acto y el segundo don Luis y don Juan han sido presos: los criados de ambos han denunciado al amo del otro. Pero ni Mejía ni Tenorio son hombres a los que se pueda encerrar fácilmente. Ambos salen de la cárcel y se dirigen hacia la casa de la prometida de don Luis, doña Ana de Pantoja, llegando primero Mejía, que se decide a velar a su futura esposa para evitar sea deshonrada por don Juan y no porque piense que don Juan intente violentarla sino porque, como el mismo don Luis dice:

Tú dirás lo que quisieres,
más yo fío en las mujeres
mucho menos que don Juan.

Aquí queda manifiesta la confianza que se tienen ambos en el ejercicio de su carácter conquistador y a la vez la profunda desconfianza que se tiene ante la virtud de la mujer. Una virtud que es la única riqueza noble de la mujer para los personajes principales. Vuelve a decir don Luis en el acto cuarto:

Don Juan, yo la amaba, sí;
mas con lo que habéis osado,
imposible la hais dejado
para vos y para mí.

La virtud, tanto de doña Inés como de doña Ana, es algo de la que sólo son depositarias, mientras que el hombre —prometido o padre— es el encargado de velar por ella. Si esto es así para dos mujeres nobles, en el caso de la criada de doña Ana o de Brígida se da por supuesta la inclinación a la deshonra y al vicio. Mejía sabe que si su prometida se encuentra con don Juan esa noche, a pesar de ser la noche antes de su boda, de haber recibido las advertencias de su futuro esposo y de estar profundamente enamorada de él, sucumbirá ante la seducción de Tenorio. La figura de la mujer, de todas las mujeres, en la obra de Zorrilla, es como la de un niño voluble y sin seso en el mejor de los casos, cuando no un ser corruptible y corrupto por naturaleza.

Lucía: *¿Sabéis que casa doña Ana?*
Don Juan: *Sí, mañana.*
Lucía: *¿Y ha de ser tan infiel ya?*

En este aspecto encontramos una diferencia con las andanzas de otro conquistador superlativo como el vizconde de Valmont. En *Las amistades peligrosas* encontramos a una mujer tan poderosa y audaz como Valmont: la seductora y calculadora marquesa de Merteuil. En ambas obras, *Las amistades peligrosas* y *Don Juan Tenorio*, encontramos una situación parecida aunque con distinto desenlace: nos referimos a la ingenuidad y candidez de una mujer encerrada en un convento desde su infancia:

BRÍGIDA: *¡Bah! Pobre garza enjaulada,*
dentro de jaula nacida,
¿qué sabe ella si hay más vida
ni más aire en que volar?
Si no vio nunca sus plumas
del sol a los resplandores,
¿qué sabe de los colores
de que se puede ufanar?

Doña Inés mantendrá su alta disposición moral al contrario que la casquivana Cecilia Volanges de la obra de Laclos. En don Juan queda un resquicio para la esperanza y una salvación por el amor y la piedad. Y éste es el tema fundamental de la obra. La salvación. Salvación que don Juan empieza a desear cuando reconoce la virtud en la persona de doña Inés. Este reconocimiento de influjo platónico que experimenta don Juan si bien es rápido no es instantáneo. Cuando dentro de la celda de doña Inés se encuentran ambos ella se desmaya, presa de la excitación, apenas él pronuncia unas palabras. Por el momento, don Juan la trata como a una presa más de su ansia conquistadora, otro triunfo fácil para un hombre de su categoría. Un hombre que, como se repite a lo largo de la obra, tiene algo demoniaco y misterioso:

BRÍGIDA: *Preciso es que tu amo tenga*
algún diablo familiar.

CIUTTI: *Yo creo que sea él mismo*
un diablo en carne mortal
porque a lo que a él, solamente
se arrojara Satanás.
(...) Mas, ¡qué diablos!, si a su lado
la fortuna siempre va,
y encadenado a sus pies
duerme sumiso el azar.

Pero cuando se encuentra con doña Inés, seguro en su quinta, con la presa sin escapatoria posible, mientras va desgranando unas palabras que, suponemos, no es la primera vez que pronuncia, empieza a sentir el amor y en ese momento comienza el abandono de su personaje, de su máscara.

DON JUAN: *Mira aquí a tus plantas, pues,*
todo el altivo rigor
de este corazón traidor
que rendirse no creía,
adorando, vida mía,
la esclavitud de tu amor.

En este momento Tenorio ha bajado la guardia aunque aún no está entregado absolutamente. Son las palabras de doña Inés, tan sinceras como delicadas y puras, las que arrancan al temerario burlador todos sus recursos de galanteo y de desafíos. Pero no se siente desnudo por ello, como hace Valmont, sino tan inmensamente dichoso que intenta por todos los medios que le permite su honor de caballero español merecer el amor de doña Inés. En ese momento se empiezan a abrir las puertas del cielo para Tenorio.

DON JUAN: *¡Alma mía! Esa palabra*
cambia mi modo de ser,
que alcanzo que puede hacer
hasta que el Edén se me abra.

No es, doña Inés, Satanás
quien pone este amor en mí:
es Dios, que quiere por ti
ganarme para Él quizás

Pero algo más depara el destino a don Juan. Cuando la posibilidad de salvación por el amor se adivina aparecen de nuevo don Luis, dispuesto a lavar con sangre la mancha a su honor, y don Gonzalo, que viene a desafiar también a Tenorio. Dos muertes más se sumarán a la macabra lista de don Juan. Un don Juan que, a pesar de saberse superior a don Luis en la lucha y por supuesto a don Gonzalo, intenta que las circunstancias no le obliguen a matar a ninguno. No sólo esto, además se arrodilla ante don Gonzalo perdiendo su bravuconería proverbial en favor del amor que siente por Inés.

Su amor me torna en otro hombre
regenerando mi ser,
y ella puede hacer un ángel
de quien un demonio fue.
Escucha, pues, don Gonzalo,
lo que te puede ofrecer
el audaz don Juan Tenorio
de rodillas a tus pies.

Pero el devenir de su vida, el destino por él mismo forjado para su carácter le alcanza. Don Gonzalo se comporta de la única manera que puede comportarse un hombre de su honor y así obstaculiza la salvación por amor de don Juan.

Míralo bien, don Gonzalo,
que vas a hacerme perder
con ella hasta la esperanza
de mi salvación tal vez.

Y añade poco después, un instante antes de dar muerte a don Gonzalo y don Luis:

Y venza el infierno, pues.
Ulloa, pues mi alma así
vuelves a hundir en el vicio,
cuando Dios me llame a juicio,
tú responderás por mí.

Muertos don Luis y don Gonzalo, Tenorio debe huir. Huye de los hombres que van a prenderle, huye de su último crimen que ahora ya le perturba a diferencia de los anteriores y huye, tal vez, de la salvación en vida que suponía el amor de doña Inés, pues no hace nada por llevarla con él. El miedo a la novedad de ese amor tan poderoso es lo que más asusta a Tenorio, por encima del peso de la justicia. Lo ha intentado y le ha sido imposible, todo ha parecido confabularse contra su redención y así antes de huir exclama:

Llamé al cielo, y no me oyó,
y pues sus puertas me cierra,
de mis pasos en la tierra
responda el cielo y no yo.

La escena es desoladora. Tenorio huye dejando los cuerpos sin vida de don Gonzalo y don Luis y abandonando a la inocente y pura doña Inés. El amor que ella siente por don Juan le hace exclamar después de reconocer a su padre, yerto en el suelo.

¡Ay! ¿Do estás, don Juan, que aquí
me olvidas en tal dolor?

Y al darse cuenta los alguaciles de que don Juan ha huido:

Todos: *¡Justicia por doña Inés!*
Doña Inés: *Pero no contra don Juan.*

El amor, como ya hemos comprobado, es recíproco e, igualmente, comparten el dolor. La pérdida del padre, del amado y de la vida feliz por parte de doña Inés y la tranquilidad, la culminación del anhelo romántico de don Juan, el sosiego, la medida y la salvación parecen desvanecerse para siempre.

Desde el final de la primera parte hasta la segunda hay un largo lapso de tiempo. Al comenzar ésta vemos en escena además del sepulcro del comendador, de don Luis y del padre de don Juan, el de doña Inés. Arrodillados don Luis Mejía, don Gonzalo de Ulloa y don Diego Tenorio, se alza entre ellos, en pie, la estatua de doña Inés. Estamos en el panteón de la familia Tenorio que, bajo la luz de la luna, no tiene nada de tétrico ni horrible, sino que está decorado con «cipreses y flores de todas clases que embellecen la decoración». En este hermoso lugar se produce la reflexión del escultor sobre sus obras, que es una reflexión sobre la obra de arte en general:

¡Ah! Mármoles que mis manos
pulieron con tanto afán,
mañana os contemplarán
los absortos sevillanos;
y al mirar de este panteón
las gigantes proporciones,
tendrán las generaciones
la nuestra en veneración.
Más yendo y viniendo días,
se hundirán unas tras otras,
mientras en pie estaréis vosotras,
póstumas memorias mías (...)
¡Velad mi gloria de artista
pues viviréis más que yo!

Podemos apreciar algunas de las ideas de Zorrilla sobre el arte en el parlamento del escultor. La vida postrera en la fama y la inmortalidad de la obra de arte aparece muy a propósito en esta última parte de su *Don Juan Tenorio,* en la que se trata directamente el asunto de la inmortalidad, la salvación y la fama.

Una vez aparecido don Juan en el panteón y explicada sucintamente su larga ausencia de España el escultor se dispone a relatarle los motivos que han llevado al antes palacio a ser lugar para un panteón. En este panteón donde tienen sitio no sólo los miembros de la familia Tenorio sino también todos aquellos que murieron a causa de don Juan sólo le está prohibido el descanso eterno al mismo don Juan. Un don Juan que tras largos años ha perdido esa iluminación, esa posibilidad de salvación por amor por la cual tuvo que huir de su patria. Es un don Juan que se cree dejado de Dios cuando afirma:

Podéis estar convencido
de que Dios no le ha querido.

Y que, casi al mismo tiempo, cree que es asunto de la providencia el haberse encontrado con doña Inés cuando habla a su sombra:

Dios te crió por mi bien,
por ti pensé en la virtud,
adoré su excelsitud
y anhelé su santo edén.

Nos encontramos, pues, ante un don Juan trastornado desde su huida de España. Conocida la virtud, el amor puro y un principio de piedad, todo ello ha dejado huella en su alma, impresionándola para siempre. Desde entonces don Juan es un ser escindido entre su propio carácter, que se nos mostraba claramente al comienzo de la obra, y la posibilidad de la salvación de su alma y el fin de sus inquietudes. Ya de vuelta a España se arrepiente de los crímenes cometidos

¡Hermosa noche...! ¡Ay de mí!
¡Cuántas como ésta tan puras,
en infames aventuras
desatinado perdí!

¡Cuántas, al mismo fulgor
de esa luna transparente,
arranqué a algún inocente
la existencia o el honor!

Pero no nos engañemos. Tenorio no es un hombre asustado o arrepentido por el miedo sino un valiente cuando menos, temerario las más de las veces, tal como le conocimos, un aventurero en cuyo interior lucha su afán de aventura y escándalo con la búsqueda de la paz consigo mismo y con Dios. Dentro de esta búsqueda de la paz en el Señor encontramos un curioso pacto digno de un posterior análisis. A través de la sombra de doña Inés:

Yo a Dios mi alma ofrecí
en precio de tu alma impura,
y Dios, al ver la ternura
con que te amaba mi afán,
me dijo: «Espera a don Juan
en tu misma sepultura.
Y pues quieres ser tan fiel
a un amor de Satanás,
con don Juan te salvarás,
te perderás con él.
Por él vela: mas si cruel
te desprecia tu ternura
y en su torpeza y locura
sigue con bárbaro afán,
llévese tu alma don Juan
de tu misma sepultura».

Toda la segunda parte del Tenorio de Zorrilla está impregnada de un fuerte lirismo, pleno de imágenes y de sensaciones románticas y recargadas. El mismo panteón, la aparición de la sombra de doña Inés y la del fantasma de don Gonzalo de Ulloa nos transportan poco a poco hasta un estado de ánimo febril e hiperestésico. Don Juan avanza y recula a un tiempo en pos de su salvación. Reconoce sus crímenes y conversa con la sombra de su amada pero esto no le lleva a volverse manso y piadoso ni a albergar la duda sobre su estado de excitación. En varias ocasiones acusa a su propia imaginación de crear estas alucinaciones y poco después vuelve a comportarse como el don Juan que hemos conocido al comienzo de la obra, invitando al comendador a la mesa y disponiendo un cubierto para éste. Tenorio se nos muestra como un hombre sensible y prudente, casi un exponente de la *caritas* cristiana cuando se encuentra en soledad y hablando con la sombra de su amada, pero al encontrarse al capitán Centellas y a Avellaneda vuelve a ser desafiante, necesita ser el más valiente entre los demás hombres:

¡Hola! ¿Parece que vos
sois ahora el que teméis,
y mala cara ponéis
a los muertos?
(...) Por mí no ha de quedar
y, a poder ser, estad ciertos
que cenaréis con los muertos,
y os los voy a convidar.

Escuchamos esto de labios de un hombre que sólo unos instantes antes estaba a punto de entregarse completamente a la *verdad* que pretende mostrar la obra: la existencia de Dios y la posibilidad de la salvación por el arrepentimiento en el último momento. Esta última condición hace del *Don Juan Tenorio* de Zorrilla un símbolo del catolicismo decimonónico hispano. Pero Zorrilla tensa un poco más la cuerda dramática y de este modo consigue que el espectador, impresionado por la atmósfera lírica y recargada de la segunda parte, se mueva en su butaca intentando empujar a Tenorio a aceptar una verdad inamovible y de demostración ineluctable. El comendador le demuestra la futilidad de sus bravuconadas frente a Dios todopoderoso y le señala la verdad y su destino inmediato y eterno:

A sacrílego convite
que me has hecho en el panteón,
para alumbrar tu razón
Dios asistir me permite.
Y heme aquí que vengo en su nombre
a enseñarte la verdad;
y es: que hay una eternidad
tras de la vida del hombre.
Que numerados están
los días que has de vivir,
y que tienes que morir
mañana mismo, don Juan.

Y concluye exponiendo la posibilidad de su salvación por la clemencia divina:

Dios en su santa clemencia,
te concede todavía
un plazo hasta el nuevo día
para ordenar tu conciencia.

Antes de llegar al final de la obra todavía encontrará don Juan un momento para la duda, en el que se encarará con los cielos pero finalmente se da cuenta de la, hasta entonces increíble para él, verdad.

¿Conque hay otra vida más
y otro mundo que el de aquí?
¿Conque es verdad, ¡ay de mí!,
lo que no creí jamás?

Y tiene un último impulso temerario y desafiante con Dios mismo,

¡Injusto Dios! Tu poder
me haces ahora conocer,
cuando tiempo no me das
de arrepentirme.

Finalmente llega la contrición de Tenorio y la expiación de sus pecados por doña Inés. El conquistador, pendenciero y temerario don Juan Tenorio se salva por el amor a un paso de su condenación. Al pie de la sepultura se encuentra con su salvación por la piedad infinita de Dios.

Mas es justo: quede aquí
al universo notorio
que, pues me abre el purgatorio
un punto de penitencia,
es el Dios de la clemencia
el Dios de don Juan Tenorio.

La obra termina con las almas de don Juan y doña Inés escapando de sus cuerpos, representadas en forma de llama según acotación del autor. En este final feliz y tenebroso a un tiempo, además de profundamente moralizante, encontramos la fuerza ideológica con la que el autor intenta revestir la figura de un don Juan romántico, católico y, finalmente, sentimental.

Personajes

Don Juan Tenorio: hijo de don Diego Tenorio, es la antítesis de su progenitor. El personaje de don Juan ha sido analizado innumerables veces e interpretado de otras tantas. De la figura de un sujeto aquejado de impotencia a la de un aventurero de folletín se ha pasado por un sinnúmero de posibilidades hermenéuticas tanto sobre la obra presente como sobre otras de muy distinto cariz como las de Tirso o Molière antes mencionadas. El burlador de Sevilla, el conquistador inagotable que es don Juan se ha presentado complejo y esquivo a los análisis de los autores. Las razones de opiniones tan dispares son las mismas que la diversidad de opiniones sobre cualquier asunto tratado aunque en este caso nos encontramos con un personaje cercano al imaginario popular del que todos participamos. En don Juan encontramos todos los pecados que a los hombres les gustaría cometer y unas dudas religiosas muy comunes y nada sofisticadas en su planteamiento. ¿Existe Dios? ¿De existir, es omnímodo y providente? ¿Cuál es el valor moral y teológico del arrepentimiento? Preguntas comunes que son contestadas de una forma clara y concisa, como hemos visto. Pero, por encima de esto el personaje de don Juan ha calado en Europa con más fuerza que un Casanova o que el literariamente anecdótico Valmont. ¿Qué tiene este personaje más allá de todas esas complicadas interpretaciones psicoanalíticas y fisiológicas a las que se ha visto sometido? Don Juan conquista a las mujeres y vence a los hombres, con astucia a ambos además de con la espada a los segundos. En estos pilares descansa su éxito como personaje. Un éxito que se debe a la identificación que lleva a cabo el lector o el espectador con don Juan. De manera semejante a un moderno James Bond, don Juan es admirado y comprendido por los hombres, que han sido el público al que se ha dirigido prácticamente en exclusiva todo el arte hasta hace poco. Don Juan no puede evitar conquistar como el hombre ordinario no puede evitar desear esa conquista, que no llega a realizar por prudencia o por incapacidad. A nada teme y ante nada se inclina, excepto a Dios, eso sí, en el último momento. Esta interpretación puede parecer simple y pueril y de hecho lo es. Así es la naturaleza humana a pesar de todo el aparato cultural occidental. Tomando como base la fascinación por el conquistador y el vencedor con la espada, se pueden hacer conjeturas de diversa índole. Olvidando esto sólo nos quedaremos en un, quizás, elaborado envoltorio vacío de contenido. La insolencia y la pendencia están en los instintos de los hombres y tienen en don Juan un espejo idóneo donde contemplarlas con la cercanía y la lejanía del acto teatral.

Don Luis Mejía: este amigo de Tenorio es un ejemplo imperfecto de lo que don Juan representa. Es gallardo y calavera, osado y temerario, pero carece del encanto y la elegancia del modelo a imitar. Es un Salieri frente a un Mozart. Un hombre dotado para su *oficio* pero sin ese *plus* que hace distintos a los personajes y a los hombres.

Don Gonzalo de Ulloa: el comendador de Calatrava (convento sevillano) y padre de doña Inés se nos presenta como el arquetipo del hombre correcto hasta sus últimas consecuencias. Es padre amante y caballero intachable. A su través Dios se manifiesta a Tenorio, defendiendo estrictamente el orgullo y la moral española. Prueba de su españolidad es que, a pesar de su estricta observancia de la moralidad, no puede evitar blasfemar en diversas ocasiones.

Doña Inés de Ulloa: la pureza y la virtud encuentran en Inés la personificación de las mismas que una obra de estas características requiere. Abnegada, pura y piadosa pero que a pesar de todas esas virtudes no puede evitar enamorarse de un hombre que personifica el pecado y la antítesis de la naturaleza de Inés. En este aspecto se dan múltiples paralelismos entre ésta y la presidenta de Tourvel de *Las amistades peligrosas*.

Marcos Ciutti: el criado de don Juan es un tipo peculiar al servicio de un hombre extraordinario. Es genovés y está al servicio de don Juan posiblemente porque no tenga nada mejor que hacer ya que éste le proporciona tiempo de ocio, mujeres y dinero. Lo que más llama la atención de la caracterización de este personaje por Zorrilla es que en la primera parte afirma desconocer el nombre de su amo. Si este desconocimiento es fingido o es real sería un asunto en el que se podría emplear bastante tiempo con resultados poco convincentes ya que apenas se caracteriza este personaje ni en las acotaciones del autor ni en su forma de comportarse. Normalmente en toda la historia del teatro español se le ha dado un carácter cómico del que carece en la obra original. Parece que el público agradecía siempre la presencia de un personaje bufonesco y exagerado.

CAPITÁN CENTELLAS: un antiguo combatiente en el ejército de Carlos V en Túnez y un hombre que siempre apuesta por la victoria de don Juan. Quizás su mejor amigo dentro de lo que cabe y que es el que, precisamente, acaba con la vida del seductor. Exhibe cierta lealtad y buen humor a pesar de ser el matador de Tenorio.

DON RAFAEL DE AVELLANEDA: amigo de Tenorio y Mejía aunque menos amigo de don Juan que de don Luis. De menor caracterización que Centellas.

DON DIEGO TENORIO: padre de don Juan, hombre noble y de sólida reputación con ligeros toques de mal humor. Muerto durante la última ausencia de su hijo, le deshereda y dedica toda su fortuna en herencia a construir un panteón para enterrar a quienes habían muerto por causa de las acciones de su hijo.

DOÑA ANA DE PANTOJA: hija de don Gil de Pantoja. Es la prometida de don Luis, pero en la apuesta que hace sobre ella don Juan y que Mejía acepta es deshonrada la noche antes de su boda por Tenorio.

BUTTARELLI: regenta la hostelería del Laurel. Amigo de don Juan.

BRÍGIDA: trotaconventos que intercede por don Juan ante doña Inés, estando a sueldo del primero. En ella algunos críticos y directores de escena han querido ver a una mujer desagradable e insensible pero se puede adivinar en su actitud una cierta nostalgia por la pureza perdida de su propia juventud que ve reflejada en doña Inés. A pesar de esto no duda en realizar su traición a la confianza de doña Inés empujada a partes iguales por la necesidad de dinero y de aventura.

Pascual: uno de los criados de doña Ana de Pantoja, que intenta, con más voluntad que acierto, evitar que don Juan pierda para siempre el honor de su señora antes de la boda con don Luis Mejía.

Lucía: sirvienta de doña Ana de Pantoja. Ejemplo tipo de la criada corruptible y ruin. Carente de voluntad, excepto la que emana del dinero.

Abadesa: mujer severa pero bondadosa, de cierta edad, que aunque se la ha querido ver como antagonista absoluta de Brígida no es sino la misma mujer de edad que siente afecto por la pureza virginal de doña Inés y que, sin embargo, la mantiene encerrada a petición de su padre en el convento. A pesar de sus diferencias de tipo y cometido en la obra, se encuentran muchas similitudes psicológicas entre ambas mujeres.

Escultor: un personaje sin apenas carácter definido, ya que a través de él Zorrilla nos resume la elipsis temporal que va de la primera parte de la obra a la segunda y, a su vez, expresa algunas de las ideas del autor sobre la obra de arte.

Además de estos personajes en la obra aparecen la tornera del convento de Calatrava, Gastón, Miguel, dos alguaciles, caballeros sevillanos, justicia, un paje y el pueblo.

CRONOLOGÍA

1817 **Nace José Zorrilla**.
1821 Perú y Brasil: independencia. Hegel: *Filosofía del derecho.*
1824 Beethoven: *Novena Sinfonía.*
1832 Goethe: *Fausto* (segunda parte); muerte.
1833 Faraday: electrólisis.
1834 Nace Degas.
1836 Inglaterra: el Cartismo. Gogol: *El inspector general.*
1837 Inglaterra: reinado de Victoria. Morse: telégrafo.
1839 Daguerre: fotografía. Nace Cézanne.
1840 Proudhon: *¿Qué es la propiedad?*
1844 Nace Verlaine.
1845 Wagner: *Tannhäuser.*
1846 Morton: anestesia mediante éter.
1848 Revoluciones en Europa. Marx-Engels: *Manifiesto del partido comunista.*
1849 Muere Edgar Allan Poe.
1850 Wagner: *Lohengrin.* Tennyson: *In memorian.* Dickens: *David Copperfield.*
1851 Arthur Schopenhauer: *Parerga* y *Paralipómena.* Herman. Melville: *Moby Dick.* E. Gaskell: *Cranford.* Isaac Singer: Máquina de coser. Primera exposición universal.
1852 Dickens: *Casa desolada.* Nace Antonio Gaudí.
1853 Nace Van Gogh.
1854 Muere Shelling (n. 1775). Dickens: *Tiempos difíciles.*
1855 Spencer: *Principios de Psicología.*
1856 Nace Menéndez Pelayo. Karl Fuhltrott: descubrimiento del hombre de Neandertal.
1857 Inglaterra entra en guerra con China. Baudelaire: *Las Flores del Mal.* Flaubert: *Madame Bovary.*

1858 Dickens: *Historia de dos ciudades.*
1859 Darwin. *El origen de las especies.* Marx: *Para una crítica de la economía política.* Stuart Mill: *Sobre la libertad.*
1860 Nace Mahler. Dickens: *Grandes esperanzas.*
1862 Muere Henry David Thoreau. Victor Hugo: *Los miserables.* Nace Debussy.
1864 J. H. Newman: *Apologia pro Vita Sua.*
1865 Abolición de la esclavitud en EE.UU. Mendel: leyes de la herencia genética. Wagner: *Tristán e Isolda.* Bernard: *Introducción al estudio de la medicina experimental.* Asesinato de Lincoln. Fin de la guerra civil en Norteamérica.
1866 Nace H. G. Wells. Swinburne: *Poemas y baladas.* Fundación del Ku-Klux-Klan.
1867 Marx: *El Capital, vol. 1.* Siemens inventa la dinamo; Alfred Nobel, la dinamita; y Monier, el cemento armado. Inglaterra inicia la expedición a Abisinia.
1868 Collins: *La piedra lunar.*
1869 Mendeleiev: sistema periódico de los elementos. Canal de Suez. Tolstoi: *Guerra y paz.*
1870 Muerte de Dickens. Concilio Vaticano: infalibilidad del Papa. Ardigó: *La psicología como ciencia positiva.* Schliemann encuentra Troya.
1871 Darwin: *El origen del hombre.* G. Eliot: *Middlemarch.* Proclamación de la comuna de París.
1872 Nace Pío Baroja.
1873 Rimbaud: *Una temporada en el infierno.*
1874 Whistler: *Retrato de Miss Alexander.* Wundt: *Elementos de psicología fisiológica.*
1877 Edison: fonógrafo y micrófono.
1878 Edison: lámpara eléctrica.
1879 Ibsen: *Casa de muñecas.* Meredith: *El egoísta.* Pasteur: principio de la vacuna.
1880 Dostoyevsky: *Los hermanos Karamazov.*
1881 Nietzsche: *Aurora.* James: *Retrato de una dama.*
1882 Koch descubre el bacilo de la tuberculosis.

1883 Nietzsche: *Así habló Zaratustra*. Maxim: invención de la ametralladora. Nace Ortega y Gasset.
1884 Inglaterra: reforma electoral.
1885 Zola: *Germinal*. Daimler-Benz: automóvil.
1887 Verdi: *Otelo*.
1889 Carducci: terceras *Odas Bárbaras*. D´annunzio: *El placer*.
1890 Oscar Wilde: *El retrato de Dorian Gray*.
1893 **Muere José Zorrilla**.

Don Juan Tenorio

PRIMERA PARTE

ACTO PRIMERO

Libertinaje y escándalo

Hostería de Cristófano Buttarelli. Puerta en el fondo que da a la calle; mesa, jarros y demás utensilios propios de semejante lugar.

ESCENA PRIMERA

Don Juan, con antifaz, sentado a una mesa escribiendo; Ciutti y Buttarelli, a un lado esperando. Al levantarse el telón se ven pasar por la puerta del fondo máscaras, estudiantes y pueblo con hachones, músicas, etc.

DON JUAN: ¡Cuán gritan esos malditos!
¡Pero mal rayo me parta
si en concluyendo la carta
no pagan caros sus gritos!
(Sigue escribiendo)

BUTTARELLI: *(A Ciutti)*
Buen carnaval

CIUTTI: *(A Buttarelli)* Buen agosto
para rellenar la arquilla.

BUTTARELLI: ¡Quia! Corre ahora por Sevilla
poco gusto y mucho mosto.
Ni caen aquí buenos peces,
que son cosas mal miradas

por gentes acomodadas,
y atropelladas a veces.

CIUTTI: Pero hoy...

BUTTARELLI: Hoy no entra en la cuenta,
se ha hecho buen trabajo.

CIUTTI: ¡Chist! Habla un poco más bajo,
que mi señor se impacienta
pronto.

BUTTARELLI: ¿A su servicio estás?

CIUTTI: Ya ha un año.

BUTTARELLI: ¿Y qué tal te sale?

CIUTTI: No hay prior que se me iguale;
tengo cuanto quiero y más.
Tiempo libre, bolsa llena,
buenas mozas y buen vino.

BUTTARELLI: ¡Cuerpo de tal, qué destino!

CIUTTI: *(Señalando a don Juan)*
Y todo ello a costa ajena.

BUTTARELLI: ¿Rico, eh?

CIUTTI: Varea la plata.

BUTTARELLI: ¿Franco?

CIUTTI: Como un estudiante.

BUTTARELLI: ¿Y noble?

CIUTTI: Como un infante.

BUTTARELLI: ¿Y bravo?

CIUTTI: Como un pirata.

Buttarelli: ¿Español?

CIUTTI: Creo que sí.

BUTTARELLI: ¿Su nombre?

CIUTTI: Lo ignoro en suma.

BUTTARELLI: ¡Bribón! ¿Y dónde va?

CIUTTI: Aquí.

BUTTARELLI: Largo plumea.

CIUTTI: Es gran pluma.

BUTTARELLI: ¿Y a quién mil diablos escribe
tan cuidadoso y prolijo?

CIUTTI: A su padre.

BUTTARELLI: ¡Vaya un hijo!
CIUTTI: Para el tiempo en que se vive,
es un hombre extraordinario;
mas silencio.
DON JUAN: *(Cerrando la carta)*
Firmo y plego.
¡Ciutti!
CIUTTI: Señor.
DON JUAN: Este pliego
irá, dentro del Horario
en que reza doña Inés,
a sus manos a parar.
CIUTTI: ¿Hay respuesta que aguardar?
DON JUAN: Del diablo con guardapiés
que la asiste, de su dueña,
que mis intenciones sabe,
recogerás una llave,
una hora y una seña:
y más ligero que el viento,
aquí otra vez.
CIUTTI: Bien está. *(Vase)*

ESCENA II

Don Juan y Buttarelli

DON JUAN: Cristófano, vieni quá.
BUTTARELLI: Eccellenza!
DON JUAN: Senti.
BUTTARELLI: Sento.
Ma ho imparatto il castigliano,
se é più facile al signor
la sua lingua...
DON JUAN: Sí, es mejor;
lasia dunque il tuo toscano,

y dime: ¿don Luis Mejía
ha venido hoy?

Buttarelli: Excelencia,
no está en Sevilla.

Don Juan: ¿Su ausencia
dura en verdad todavía?

Buttarelli: Tal creo.

Don Juan: ¿Y noticia alguna
no tenéis de él?

Buttarelli: ¡Ah! Una historia
me viene ahora a la memoria
que os podrá dar...

Don Juan: ¿Oportuna
luz sobre el caso?

Buttarelli: Tal vez.

Don Juan: Habla, pues.

Buttarelli: *(Hablando consigo mismo)*
No, no me engaño:
esta noche cumple el año,
lo había olvidado.

Don Juan: ¡Pardiez!
¿Acabarás con tu cuento?

Buttarelli: Perdonad, señor: estaba
recordando el hecho.

Don Juan: Acaba,
vive Dios, que me impaciento.

Buttarelli: Pues es el caso, señor,
que el caballero Mejía,
por quien preguntáis, dio un día
en la ocurrencia peor
que ocurrírsele podía.

Don Juan: Suprime lo de hecho extraño;
que apostaron me es notorio
a quién haría en un año,
con más fortuna, más daño,
Luis Mejía y Juan Tenorio.

Buttarelli: ¿La historia sabéis?

DON JUAN: Entera;
por eso te he preguntado
por Mejía.

BUTTARELLI: ¡Oh! Me pluguiera
que la apuesta se cumpliera,
que pagan bien y al contado.

DON JUAN: ¿Y no tienes confianza
en que don Luis a esta cita
acuda?

BUTTARELLI: ¡Quia! Ni esperanza:
el fin del plazo se avanza,
y estoy cierto que maldita
la memoria que ninguno
guarda de ello.

DON JUAN: Basta ya. Toma.

BUTTARELLI: Excelencia. ¿Y de alguno
de ellos sabéis vos?

DON JUAN: Quizás.

BUTTARELLI: ¿Vendrán, pues?

DON JUAN: Al menos uno;
mas por si acaso los dos
dirigen aquí sus huellas
el uno del otro en pos,
tus dos mejorés botellas
prevenles.

BUTTARELLI: Mas...

DON JUAN: ¡Chito...! Adiós.

ESCENA III

Buttarelli

BUTTARELLI: ¡Santa Madona! De vuelta
Mejía y Tenorio están
sin duda... y recogerán

los dos la palabra suelta.
¡Oh! Sí; ese hombre tiene traza
de saberlo a fondo. *(Ruido dentro)*
Pero, ¿qué es esto?
(Se asoma a la puerta)
¡Anda! ¡El forastero
está riñendo en la plaza!
¡Válgame Dios!¡Qué bullicio!
¡Cómo se le arremolina
chusma..., y cómo la acoquina
él solo...! ¡Puf! ¡Qué estropicio!
¡Cuál corren delante de él!
No hay duda, están en Castilla
los dos, y anda ya Sevilla
toda revuelta ¡Miguel!

ESCENA IV

Buttarelli y Miguel

Miguel: Che comanda?
Buttarelli: Presto, qui
servi una tavola, amico;
e del Lacryma più antico
porta due bottiglie.
Miguel: Sí,
signor padrone.
Buttarelli: Micheletto,
apparechia in carità
lo più ricco, que si fa;
afrettati!
Miguel: Già mi afretto,
signor padrone. *(Vase)*

ESCENA V

Buttarelli y Don Gonzalo

DON GONZALO: Aquí es.
¿Patrón?
BUTTARELLI: ¿Qué se ofrece?
DON GONZALO: Quiero
hablar con el hostelero.
BUTTARELLI: Con él habláis; decid, pues.
DON GONZALO: ¿Sois vos?
BUTTARELLI: Sí; mas despachad,
que estoy de priesa.
DON GONZALO: En tal caso,
ved si es cabal y de paso
esa dobla, y contestad.
BUTTARELLI: ¡Oh, excelencia!
DON GONZALO: ¿Conocéis
a Don Juan Tenorio?
BUTTARELLI: Sí.
DON GONZALO: ¿Y es cierto que tiene aquí
hoy una cita?
BUTTARELLI: ¡Oh! ¿Seréis
vos el otro?
DON GONZALO: ¿Quién?
BUTTARELLI: Don Luis.
DON GONZALO: No; pero estar me interesa
en su entrevista.
BUTTARELLI: Esta mesa
les preparo; si os servís
en esotra colocaros,
podréis presenciar la cena
que les daré... ¡Oh! Será escena
que espero que ha de admiraros.
DON GONZALO: Lo creo.
BUTTARELLI: Son, sin disputa,

los dos mozos más gentiles
de España.

DON GONZALO: Sí, y los más viles
también.

BUTTARELLI: ¡Bah! Se les imputa
cuanto malo se hace hoy día;
mas la malicia lo inventa,
pues nadie paga su cuenta
como Tenorio y Mejía.

DON GONZALO: ¡Ya!

BUTTARELLI: Es afán de murmurar,
porque conmigo, señor,
ninguno lo hace mejor,
y bien lo puedo jurar.

DON GONZALO: No es necesario; mas...

BUTTARELLI: ¿Qué?

DON GONZALO: Quisiera yo ocultamente
verlos, y sin que la gente
me reconociera.

BUTTARELLI: A fe
que eso es muy fácil, señor.
Las fiestas de Carnaval,
al hombre más principal
permiten, sin deshonor
de su linaje, servirse
de un antifaz y, bajo él,
¿quién sabe, hasta descubrirse,
de qué carne es el pastel?

DON GONZALO: Mejor fuera en aposento
contiguo...

BUTTARELLI: Ninguno cae
aquí.

DON GONZALO: Pues entonces, trae
un antifaz.

BUTTARELLI: Al momento.

ESCENA VI

Don Gonzalo

DON GONZALO: No cabe en mi corazón
que tal hombre pueda haber,
y no quiero cometer
con él una sinrazón.
Yo mismo indagar prefiero
la verdad...; mas, a ser cierta
la apuesta, primero muerta
que esposa suya la quiero.
No hay en la tierra interés
que si la daña me cuadre;
primero seré buen padre,
buen caballero después.
Enlace es de gran ventaja,
mas no quiero que Tenorio
del velo del desposorio
le recorte una mortaja.

ESCENA VII

Don Gonzalo y Buttarrelli, que trae un antifaz

BUTTARELLI: Ya está aquí.
DON GONZALO: Gracias, patrón.
¿Tardarán mucho en llegar?
BUTTARELLI: Si vienen, no han de tardar:
cerca de las ocho son.
DON GONZALO: ¿Ésa es la hora señalada?
BUTTARELLI: Cierra el plazo, y es asunto
de perder, quien no esté a punto
de la primer campanada.
DON GONZALO: Quiera Dios que sea chanza,
y no lo que se murmura.

BUTTARELLI: No tengo aún por muy segura
de que cumplan la esperanza;
pero si tanto os importa
lo que ello sea saber,
pues la hora está al caer,
la dilación es ya corta.

DON GONZALO: Cúbrome, pues, y me siento.
(Se sienta en una mesa
a la derecha
y se pone el antifaz)

BUTTARELLI: *(Aparte)*
Curioso el viejo me tiene
del misterio con que viene...
Y no me quedo contento
hasta saber quién es él.
(Limpia y trajina, mirándole
de reojo)

DON GONZALO: *(Aparte)*
¡Que un hombre como yo tenga
que esperar aquí y se avenga
con semejante papel!
En fin, me importa el sosiego
de mi casa, y la ventura
de una hija sencilla y pura,
y no es para echarlo a juego.

ESCENA VIII

Don Gonzalo, Buttarelli y Don Diego,
a la puerta del fondo

DON DIEGO: La seña está terminante;
aquí es;
bien me han informado;
llego, pues.

BUTTARELLI: ¿Otro embozado?

DON DIEGO: ¡Ah de esta casa!

BUTTARELLI: Adelante.
DON DIEGO: ¿La Hostelería del Laurel?
BUTTARELLI: En ella estáis, caballero.
DON DIEGO: ¿Está en casa el hostelero?
BUTTARELLI: Estáis hablando con él.
DON DIEGO: ¿Sois vos Buttarelli?
BUTTARELLI: Yo.
DON DIEGO: ¿Es verdad que hoy tiene aquí
Tenorio una cita?
BUTTARELLI: Sí.
DON DIEGO: ¿Y ha acudido a ella?
BUTTARELLI: No.
DON DIEGO: ¿Pero acudirá?
BUTTARELLI: No sé.
DON DIEGO: ¿Le esperáis vos?
BUTTARELLI: Por si acaso
venir le place.
DON DIEGO: En tal caso,
yo también le esperaré.
(Se sienta en el lado opuesto a don Gonzalo)
BUTTARELLI: ¿Que os sirva vianda alguna
queréis mientras?
DON DIEGO: No; tomad
(Le da dinero)
BUTTARELLI: ¡Excelencia!
DON DIEGO: Y excusad
conversación importuna.
BUTTARELLI: Perdonad.
DON DIEGO: Vais perdonado;
dejadme, pues.
BUTTARELLI: *(Aparte)* ¡Jesucristo!
En toda mi vida he visto
hombre más malhumorado.
DON DIEGO: *(Aparte)*
¡Que un hombre de mi linaje
descienda a tan ruin mansión!

Pero no hay humillación
a que un padre no se baje
por un hijo. Quiero ver
por mis ojos la verdad
y el monstruo de liviandad
a quien pude dar el ser.
(Buttarelli, que anda arreglando sus trastos, contempla desde el fondo a don Gonzalo y a don Diego, que permanecerán embozados y en silencio)

BUTTARELLI: ¡Vaya un par de hombres de piedra!
Para éstos sobra mi abasto;
mas, ¡pardiez!, pagan el gasto
que no hacen, y así se medra.

ESCENA IX

Don Gonzalo, Don Diego, Buttarelli, el capitán Centellas, Avellaneda y dos caballeros

AVELLANEDA: Vinieron, y os aseguro
que se efectuará la apuesta.

CENTELLAS: Entremos, pues. ¡Buttarelli!

BUTTARELLI: Señor capitán Centellas,
¿vos por aquí?

CENTELLAS: Sí, Cristófano.
¿Cuándo aquí, sin mi presencia,
tuvieron lugar orgías
que han hecho raya en la época?

BUTTARELLI: Como ha tanto tiempo ya
que no os he visto...

CENTELLAS: Las guerras
del emperador, a Túnez
me llevaron; mas mi hacienda
me vuelve a traer a Sevilla,
y, según lo que me cuentan,

llego lo más a propósito
para renovar añejas
amistades. Conque apróntanos
luego unas cuantas botellas,
y en tanto que humedecemos
la garganta, verdadera
relación haznos de un lance
sobre el cual hay controversia.

BUTTARELLI: Todo se andará; mas antes
dejadme ir a la bodega.

VARIOS: Sí, sí.

ESCENA X

Dichos, menos Buttarelli

CENTELLAS: Sentarse, señores,
y que siga Avellaneda
con la historia de don Luis.

AVELLANEDA: No hay ya más que decir de ella
sino que creo imposible
que la de Tenorio sea
más endiablada, y que apuesto
por don Luis.

CENTELLAS: Acaso pierdas.
Don Juan Tenorio se sabe
que es la más mala cabeza
del orbe, y no hubo hombre alguno
que aventajarle pudiera
con sólo su inclinación;
conque, ¿qué hará si se empeña?

AVELLANEDA: Pues yo sé bien que Mejía
las ha hecho tales, que a ciegas
se puede apostar por él.

CENTELLAS: Pues el capitán Centellas
pone por don Juan Tenorio
cuanto tiene.

AVELLANEDA: Pues se acepta
por don Luis, que es muy mi amigo.
CENTELLAS: Pues todo en contra se arriesga;
porque no hay como Tenorio
otro hombre sobre la tierra,
y es proverbial su fortuna
y extremadas sus empresas.

ESCENA XI

Dichos y Buttarelli con botellas

BUTTARELLI: Aquí hay Falerno, Borgoña,
Sorrento.
CENTELLAS: De lo que quieras
sirve, Cristófano, y dinos:
¿qué hay de cierto en una apuesta
por don Juan Tenorio ha un año
y don Luis Mejía hecha?
BUTTARELLI: Señor capitán, no sé
tan a fondo la materia
que os pueda sacar de dudas,
pero diré lo que sepa.
VARIOS: Habla, habla.
BUTTARELLI: Yo, la verdad,
aunque fue en mi casa mesma
la cuestión entre ambos, como
pusieron tan larga fecha
a su plazo, creí siempre
que nunca a efecto viniera;
así es que ni aun me acordaba
de tal cosa a la hora de ésta.
Mas esta tarde, sería
al anochecer apenas,
entrose aquí un caballero
pidiéndome que le diera

recado con que escribir
una carta: y a sus letras
atento no más, me dio
tiempo a que charla metiera
con un paje que traía,
paisano mío, de Génova.
No saqué nada del paje,
que es, por Dios, muy brava pesca;
mas cuando su amo acababa
la carta, le envió con ella
a quien iba dirigida.
El caballero, en mi lengua
me habló, y me pidió noticias
de don Luis. Dijo que entera
sabía de ambos la historia,
y tenía la certeza
de que, al menos uno de ellos,
acudiría a la apuesta.
Yo quise saber más de él,
mas púsome dos monedas
de oro en la mano, diciéndome,
así, como a la desdecha:
«Y por si acaso los dos
al tiempo aplazado llegan,
ten prevenidas para ambos
tus dos mejores botellas».
Largose sin decir más
y yo, atento a sus monedas,
les puse, en el mismo sitio
donde apostaron, la mesa.
Y vedla allí con dos sillas,
dos copas y dos botellas.

AVELLANEDA: Pues, señor, no hay que dudar;
era don Luis.

CENTELLAS: Don Juan era.

AVELLANEDA: ¿Tú no le viste la cara?

BUTTARELLI: ¡Si la traía cubierta
con un antifaz!

CENTELLAS: Pero, hombre,
¿tú a los dos no los recuerdas?
¿O no sabes distinguir
a las gentes por sus señas
lo mismo que por sus caras?

BUTTARELLI: Pues confieso mi torpeza;
no lo supe conocer,
y lo procuré de veras.
Pero silencio.

AVELLANEDA: ¿Qué pasa?

BUTTARELLI: A dar el reló comienza
los cuartos para las ocho. *(Dan)*

CENTELLAS: Ved, ved la gente que se entra.

AVELLANEDA: Como que está de este lance
curiosa Sevilla entera.
(Se oyen dar las ocho; varias personas entran y se reparten en silencio por la escena; al dar la última campanada, don Juan, con antifaz, se llega a la mesa que ha preparado Buttarelli en el centro del escenario y se dispone a ocupar una de las dos sillas que están delante de ella. Inmediatamente después de él entra don Luis, también con antifaz, y se dirige a la otra. Todos los miran)

ESCENA XII

Don Diego, Don Gonzalo, Don Juan, Don Luis, Buttarelli, Centellas, Avellaneda, caballeros, curiosos y enmascarados

AVELLANEDA: *(A Centellas, por don Juan)*
Verás aquél, si ellos vienen,

qué buen chasco que se lleva.

CENTELLAS: *(A Avellaneda, por don Luis)*
Pues allí va otro a ocupar
la otra silla. ¡Uf! ¡Aquí es ella!

DON JUAN: *(A don Luis)*
Esa silla está comprada,
hidalgo.

DON LUIS: *(A Don Juan)*
Lo mismo digo,
hidalgo: para un amigo
tengo yo esotra pagada.

DON JUAN: Que ésta es mía haré notorio.

DON LUIS: Y yo también que ésta es mía.

DON JUAN: Luego sois don Luis Mejía.

DON LUIS: Seréis, pues, don Juan Tenorio.

DON JUAN: Puede ser.

DON LUIS: Vos lo decís.

DON JUAN: ¿No so fiáis?

DON LUIS: No.

DON JUAN: Yo tampoco.

DON LUIS: Pues no hagamos más el coco.

DON JUAN: Yo soy don Juan.
(Quitándose la mascara)

DON LUIS: *(Ídem)* Yo don Luis.
(Se descubren y se sientan. El capitán Centellas, Avellaneda, Buttarelli y algunos otros se van a ellos y les saludan, abrazan y dan la mano, y hacen otras semejantes muestras de cariño y amistad. Don Juan y don Luis las aceptan cortésmente)

CENTELLAS: ¡Don Juan!

AVELLANEDA: ¡Don Luis!

DON JUAN: ¡Caballeros!

DON LUIS: ¡Oh, amigos! ¿Qué dicha es ésta?

AVELLANEDA: Sabíamos vuestra apuesta,

y hemos acudido a veros.

DON LUIS: Don Juan y yo tal bondad
en mucho os agradecemos.

DON JUAN: El tiempo no malgastemos,
don Luis. *(A los otros)* Sillas arrimad.
(A los que están lejos)
Caballeros, yo supongo
que a ucedes también aquí
les trae la apuesta, y por mí
a antojo tal no me opongo.

DON LUIS: Ni yo, que aunque nada más
fue el empeño entre los dos,
no ha de decirse, ¡por Dios!
que me avergonzó jamás.

DON JUAN: Ni a mí, que el orbe es testigo
de que hipócrita no soy,
pues por doquiera que voy
va el escándalo conmigo.

DON LUIS: ¡Eh! ¿Y esos dos no se llegan
a escuchar? Vos.
(Por don Diego y don Gonzalo)

DON DIEGO: Yo estoy bien.

DON LUIS: ¿Y vos?

DON GONZALO: De aquí oigo también.

DON LUIS: Razón tendrán si se niegan.
(Se sientan todos alrededor de la mesa en que están don Luis Mejía y don Juan Tenorio)

DON JUAN: ¿Estamos listos?

DON LUIS: Estamos.

DON JUAN: Como quien somos cumplimos.

DON LUIS: Veamos, pues, lo que hicimos.

DON JUAN: Bebamos antes.

DON LUIS: Bebamos. *(Lo hacen)*

DON JUAN: La apuesta fue...

DON LUIS: Porque un día

dije que en España entera
no habría nadie que hiciera
lo que hiciera Luis Mejía.

DON JUAN: Y siendo contradictorio
al vuestro mi parecer,
yo os dije: «Nadie ha de hacer
lo que hará don Juan Tenorio».
¿No es así?

DON LUIS: Sin duda alguna:
y vinimos a apostar
quién de ambos sabría obrar
peor, con mejor fortuna,
en el término de un año;
juntándonos aquí hoy
a probarlo.

DON JUAN: Y aquí estoy.

DON LUIS: Y yo.

CENTELLAS: ¡Empeño bien extraño,
por vida mía!

DON JUAN: Hablad, pues.

DON LUIS: No, vos debéis empezar.

DON JUAN: Como gustéis, igual es,
que nunca me hago esperar.
Pues, señor, yo desde aquí,
buscando mayor espacio
para mis hazañas, di
sobre Italia, porque allí
tiene el placer un palacio.
De la guerra y del amor
antigua y clásica tierra,
y en ella el Emperador,
con ella y con Francia en guerra,
díjeme: «¿Dónde mejor?
Donde hay soldados hay juego,
hay pendencias y amoríos».
Di, pues, sobre Italia luego,
buscando a sangre y a fuego

amores y desafíos.
En Roma, a mi apuesta fiel,
fijé entre hostil y amatorio,
en mi puerta este cartel:
Aquí está don Juan Tenorio
para quien quiera algo de él.
De aquellos días la historia
a relataros renuncio:
remítome a la memoria
que dejé allí, y de mi gloria
podéis juzgar por mi anuncio.
Las romanas, caprichosas,
las costumbres, licenciosas,
yo gallardo y calavera,
¿quién a cuento redujera
mis empresas amorosas?
Salí de Roma, por fin,
como os podéis figurar:
con un disfraz harto ruin,
y a lomos de un mal rocín,
pues me querían ahorcar.
Fui al ejército de España;
mas todos paisanos míos,
soldados y en tierra extraña,
dejé pronto su campaña
tras cinco o seis desafíos.
Nápoles, rico vergel
de amor, de placer emporio,
vio mi segundo cartel:
Aquí está don Juan Tenorio,
y no hay hombre para él.
Desde la princesa altiva
a la que pesca en ruin barca,
no hay hembra a quien no suscriba,
y a cualquier empresa abarca
si en oro o valor estriba.
Búsquenle los reñidores

cérquenle los jugadores;
quien se precie que le ataje,
a ver si hay quien le aventaje
en juego, en lid o en amores.
Esto escribí; y en medio año
que mi presencia gozó
Nápoles, no hay lance extraño,
ni hay escándalo ni engaño
en que no me hallara yo.
Por dondequiera que fui,
la razón atropellé,
la virtud escarnecí,
a la justicia burlé
y a las mujeres vendí.
Yo a las cabañas bajé,
yo a los palacios subí,
yo a los claustros escalé,
y en todas partes dejé
memoria amarga de mí.
Ni reconocí sagrado,
ni hubo razón ni lugar
por mi audacia respetado;
ni en distinguir me he parado
al clérigo del seglar.
A quien quise provoqué,
con quien quiso me batí,
y nunca consideré
que pudo matarme a mí
aquel a quien yo maté.
A esto don Juan se arrojó,
y escrito en este papel
está cuanto consiguió,
y lo que él aquí escribió,
mantenido está por él.

DON LUIS: Leed, pues.

DON JUAN: No; oigamos antes
vuestros bizarros extremos,

y si traéis terminantes
vuestras notas comprobantes,
lo escrito cotejaremos.

DON LUIS: Decís bien; cosa es que está,
don Juan, muy puesta en razón,
aunque, a mi ver, poco irá
de una a otra relación.

DON JUAN: Empezad, pues.

DON LUIS: Allá va.
Buscando yo, como vos,
a mi aliento empresas grandes,
dije: «¿Do iré, ¡vive Dios!,
de amor y lides en pos,
que vaya mejor que a Flandes?
Allí, puesto que empeñadas
guerras hay, a mis deseos
habrá al par centuplicadas
ocasiones extremadas
de riñas y galanteos».
Y en Flandes conmigo di,
mas con tan negra fortuna,
que al mes de encontrarme allí
todo mi caudal perdí,
dobla a dobla, una por una.
En tan total carestía,
mirándome sin dineros,
de mí todo el mundo huía;
mas yo busqué compañía
y me uní a unos bandoleros.
Lo hicimos bien, ¡voto a tal!,
y fuimos tan adelante,
con suerte tan colosal,
que entramos a saco en Gante
el palacio episcopal.
¡Qué noche! Por el decoro
de la Pascua, el buen obispo
bajó a presidir el coro,

y aún de alegría me crispo
al recordar su tesoro.
Todo cayó en poder nuestro,
mas mi capitán, avaro,
puso mi parte en secuestro;
reñimos, fui yo más diestro,
y le crucé sin reparo.
Jurome al punto la gente
capitán, por más valiente;
jureles yo amistad franca,
pero a la noche siguiente
hui, y les dejé sin blanca.
Yo me acordé del refrán
de que quien roba al ladrón
ha cien años de perdón,
y me arrojé a tal desmán
mirando a mi salvación.
Pasé a Alemania opulento,
mas un provincial jerónimo,
hombre de mucho talento,
me conoció, y al momento
me delató en un anónimo.
Compré a fuerza de dinero
la libertad y el papel,
y topando en un sendero
al fraile, le envié certero
una bala envuelta en él.
Salté a Francia. ¡Buen país!,
y como en Nápoles vos,
puse un cartel en París
diciendo: *Aquí hay un don Luis,*
que vale lo menos dos.
Pasará aquí algunos meses,
y no trae más intereses
ni se aviene a más empresas,
que adorar a las francesas,
y reñir con los franceses.

Esto escribí; y en medio año
que mi presencia gozó
París, no hubo lance extraño,
no hubo escándalo ni daño
donde no me hallara yo.
Mas, como don Juan, mi historia
también a alargar renuncio,
que basta para mi gloria
la magnífica memoria
que allí dejé con mi anuncio.
Y cual vos, por donde fui
la razón atropellé,
la virtud escarnecí,
a la justicia burlé
y a las mujeres vendí.
Mi hacienda llevo perdida
tres veces; mas se me antoja
reponerla, y me convida
mi boda comprometida
con doña Ana de Pantoja.
Mujer muy rica me dan,
y mañana hay que cumplir
los tratos que hechos están;
lo que os advierto, don Juan,
por si queréis asistir.
A esto don Luis se arrojó,
y escrito en este papel
está lo que consiguió;
y lo que él aquí escribió,
mantenido está por él.

DON JUAN: La historia es tan semejante,
que está en el fiel la balanza,
mas vamos a lo importante,
que es el guarismo a que alcanza
el papel; conque adelante.

DON LUIS: Razón tenéis, en verdad.
Aquí está el mío; mirad,

	por una línea apartados
	traigo los nombres sentados,
	para mayor claridad.
DON JUAN:	Del mismo modo arregladas
	mis cuentas traigo en el mío:
	en dos líneas separadas,
	los muertos en desafío
	y las mujeres burladas.
	Contad.
DON LUIS:	Contad.
DON JUAN:	Veintitrés.
DON LUIS:	Son los muertos. A ver vos.
	¡Por la cruz de San Andrés!
	Aquí sumo treinta y dos.
DON JUAN:	Son los muertos.
DON LUIS:	Matar es.
DON JUAN:	Nueve os llevo.
DON LUIS:	Me vencéis.
	Pasemos a las conquistas.
DON JUAN:	Sumo aquí cincuenta y seis.
DON LUIS:	Y yo sumo en vuestras listas
	setenta y dos.
DON JUAN:	Pues perdéis.
DON LUIS:	¡Es increíble, don Juan!
DON JUAN:	Si lo dudáis, apuntados
	los testigos ahí están,
	que si fueren preguntados
	os lo testificarán.
DON LUIS:	¡Oh! Y vuestra lista es cabal.
DON JUAN:	Desde una princesa real
	a la hija de un pescador,
	¡oh!, ha recorrido mi amor
	toda la escala social.
	¿Tenéis algo que tachar?
DON LUIS:	Sólo una os falta en justicia.
DON JUAN:	¿Me la podéis señalar?
DON LUIS:	Sí, por cierto: una novicia

que esté para profesar.
DON JUAN: ¡Bah! Pues yo os complaceré
doblemente, porque os digo
que a la novicia uniré
la dama de algún amigo
que para casarse esté.
DON LUIS: ¡Pardiez, que sois atrevido!
DON JUAN: Yo os lo apuesto si queréis.
DON LUIS: Digo que acepto el partido.
Para darlo por perdido,
¿queréis veinte días?
DON JUAN: Seis.
DON LUIS: ¡Por Dios, que sois hombre extraño!
¿Cuántos días empleáis
en cada mujer que amáis?
DON JUAN: Partid los días del año
entre las que ahí encontráis.
Uno para enamorarlas,
otro para conseguirlas,
otro para abandonarlas,
dos para sustituirlas
y una hora para olvidarlas.
Pero, la verdad a hablaros,
pedir más no se me antoja,
y pues que vais a casaros
mañana, pienso quitaros
a doña Ana de Pantoja.
DON LUIS: Don Juan, ¿qué es lo que decís?
DON JUAN: Don Luis, lo que oído habéis.
DON LUIS: Ved, don Juan, lo que emprendéis.
DON JUAN: Lo que he de lograr, don Luis.
DON LUIS: ¡Gastón!
GASTÓN: Señor.
DON LUIS: Ven acá.
(Habla don Luis en secreto con Gastón, y éste se va precipitadamente)
DON JUAN: ¡Ciutti!

CIUTTI: Señor.
(Don Juan, ídem con Ciutti, que hace lo mismo)
DON JUAN: Ven aquí.
DON LUIS: ¿Estáis en lo dicho?
DON JUAN: Sí.
DON LUIS: Pues va la vida.
DON JUAN: Pues va.
(Don Gonzalo, levantándose de la mesa en que ha permanecido inmóvil durante la escena anterior, se afronta con don Juan y don Luis)
DON GONZALO: ¡Insensatos! ¡Vive Dios
que, a no temblarme las manos,
a palos, como villanos,
os diera muerte a los dos!
DON JUAN: Veamos. *(Empuñando)*
DON GONZALO: Excusado es,
que he vivido lo bastante
para no estar arrogante
donde no puedo.
DON JUAN: Idos, pues.
DON GONZALO: Antes, don Juan, de salir
de donde oírme podáis,
es necesario que oigáis
lo que os tengo que decir.
Vuestro buen padre don Diego,
porque pleitos acomoda,
os apalabró una boda
que iba a celebrarse luego;
pero por mí mismo yo,
lo que erais queriendo ver,
vine aquí al anochecer,
y el veros me avergonzó.
DON JUAN: ¡Por Satanás, viejo insano,
que no sé cómo he tenido
calma para haberte oído

sin asentarte la mano!
Pero di pronto quién eres,
porque me siento capaz
de arrancarte el antifaz
con el alma que tuvieres.

DON GONZALO: ¡Don Juan!

DON JUAN: ¡Pronto!

DON GONZALO: Mira, pues.

DON JUAN: ¡Don Gonzalo!

DON GONZALO: El mismo soy.
Y adiós, don Juan;
mas desde hoy
no penséis en doña Inés.
Porque antes que consentir
en que se case con vos,
el sepulcro, ¡juro a Dios!,
por mi mano la he de abrir.

DON JUAN: Me hacéis reír, don Gonzalo;
pues venirme a provocar
es como ir a amenazar
a un león con un mal palo.
Y pues hay tiempo, advertir
os quiero a mi vez a vos
que, o me la dais, o ¡por Dios,
que a quitárosla he de ir!

DON GONZALO: ¡Miserable!

DON JUAN: Dicho está:
sólo una mujer como ésta
me falta para mi apuesta;
ved, pues, que apostada va.
(Don Diego, levantándose de la mesa en que ha permanecido encubierto mientras la escena anterior, baja al centro de la escena, encarándose con don Juan)

DON DIEGO: No puedo más escucharte,
vil don Juan, porque recelo
que hay algún rayo en el cielo

preparado a aniquilarte.
¡Ah...! No pudiendo creer
lo que de ti me decían,
confiado en que mentían,
te vine esta noche a ver.
Pero te juro, malvado,
que me pesa haber venido
para salir convencido
de lo que es para ignorado.
Sigue, pues, con ciego afán
en tu torpe frenesí,
mas nunca vuelvas a mí;
no te conozco, don Juan.

DON JUAN: ¿Quién nunca a ti se volvió,
ni quién osa hablarme así,
ni qué se me importa a mí
que me conozcas o no?

DON DIEGO: Adiós, pues; mas no te olvides
de que hay un Dios justiciero.

DON JUAN: Ten. *(Deteniéndole)*

DON DIEGO: ¿Qué quieres?

DON JUAN: Verte quiero.

DON DIEGO: Nunca. En vano me lo pides.

DON JUAN: ¿Nunca?

DON DIEGO: No.

DON JUAN: Cuando me cuadre.

DON DIEGO: ¿Cómo?

DON JUAN: Así. *(Le arranca el antifaz)*

Todos: ¡Don Juan!

DON DIEGO: ¡Villano!
Me has puesto en la faz la mano.

DON JUAN: ¡Válgame Cristo, mi padre!

DON DIEGO: Mientes; no lo fui jamás.

DON JUAN: ¡Reportaos, por Belcebú!

DON DIEGO: No; los hijos como tú
son hijos de Satanás.
Comendador, nulo sea

lo hablado.

DON GONZALO: Ya lo es por mí;
vamos.

DON DIEGO: Sí; vamos de aquí
donde tal monstruo no vea.
Don Juan, en brazos del vicio
desolado te abandono;
me matas..., mas te perdono
de Dios en el santo juicio.
(Vanse poco a poco don Diego y don Gonzalo)

DON JUAN: Largo el plazo me ponéis:
mas ved que os quiero advertir
que yo no os he ido a pedir
jamás que me perdonéis.
Conque no paséis afán
de aquí adelante por mí,
que como vivió hasta aquí,
vivirá siempre don Juan.

ESCENA XIII

Don Juan, don Luis, Centellas, Avellaneda, Buttarelli, curiosos y máscaras

DON JUAN: ¡Eh! Ya salimos del paso,
y no hay que extrañar la homilía;
son pláticas de familia,
de las que nunca hice caso.
Conque lo dicho, don Luis,
van doña Ana y doña Inés
en apuesta.

DON LUIS: Y el precio es
la vida.

DON JUAN: Vos lo decís;

	vamos.
DON LUIS:	Vamos.
	(Al salir se presenta una ronda, que los detiene)

ESCENA XIV

Dichos y una ronda de alguaciles

ALGUACIL:	¡Alto allá!
	¿Don Juan Tenorio?
DON JUAN:	Yo soy.
ALGUACIL:	Sed preso.
DON JUAN:	¿Soñando estoy?
	¿Por qué?
	Después lo verá.
DON LUIS:	*(Acercándose a don Juan y riéndose)*
	Tenorio,
	no lo extrañéis,
	pues mirando a lo apostado,
	mi paje os ha delatado
	para que vos no ganéis.
DON JUAN:	¡Hola! Pues no os suponía
	con tal despejo, ¡pardiez!
DON LUIS:	Id, pues, que por esta vez,
	don Juan, la partida es mía.
DON JUAN:	Vamos, pues.
	(Al salir, los detiene otra ronda que entra en la escena)

ESCENA XV

Dichos y una ronda

ALGUACIL:	*(Que entra)*
	Téngase allá.

¿Don Luis Mejía?

DON LUIS: Yo soy.

ALGUACIL: Sed preso.

DON LUIS: ¿Soñando estoy?
¡Yo preso!

DON JUAN: *(Soltando la carcajada)*
¡Ja, ja, ja, ja!
Mejía, no lo extrañéis,
pues mirando a lo apostado
mi paje os ha delatado
para que no me estorbéis.

DON LUIS: Satisfecho quedaré
aunque ambos muramos.

DON JUAN: Vamos.
Conque, señores, quedamos
en que la apuesta está en pie.
(Las rondas se llevan a don Juan y a don Luis; muchos los siguen. El capitán Centellas, Avellaneda y sus amigos quedan en la escena mirándose unos a otros)

ESCENA XVI

El capitán Centellas, Avellaneda y curiosos

AVELLANEDA: ¡Parece un juego ilusorio!

CENTELLAS: ¡Sin verlo no lo creería!

AVELLANEDA: Pues yo apuesto por Mejía.

CENTELLAS: Y yo pongo por Tenorio.

OSCURO

ACTO SEGUNDO

Destreza

Exterior de la casa de doña Ana, vista por una esquina. Las dos paredes que forman el ángulo se prolongan igualmente por ambos lados, dejando ver en la de la derecha una reja y en la de la izquierda, una reja y una puerta.

ESCENA PRIMERA

Don Luis Mejía, embozado

DON LUIS: Ya estoy frente de la casa
de doña Ana, y es preciso
que esta noche tenga aviso
de lo que en Sevilla pasa.
No di con persona alguna,
por dicha mía... ¡Oh, qué afán!
Pero ahora, señor don Juan,
cada cual con su fortuna.
Si honor y vida se juega,
mi destreza y mi valor,
por mi vida y por mi honor,
jugarán... Mas alguien llega.

ESCENA II

Don Luis y Pascual

PASCUAL: ¡Quien creyera lance tal!
¡Jesús, qué escándalo! ¡Presos!
DON LUIS: ¡Qué veo! ¿Es Pascual?
PASCUAL: Los sesos
me estrellaría.
DON LUIS: ¡Pascual!
PASCUAL: ¿Quién me llama tan apriesa?
DON LUIS: Yo, don Luis.
PASCUAL: ¡Válgame Dios!
PASCUAL: ¿Qué te asombra?
PASCUAL: Que seáis vos.
DON LUIS: Mi suerte, Pascual, es ésa.
Que a no ser yo quien me soy
y a no dar contigo ahora,
el honor de mi señora
doña Ana moría hoy.
PASCUAL: ¿Qué es lo que decís?
DON LUIS: ¿Conoces
a don Juan Tenorio?
PASCUAL: Sí.
¿Quién no le conoce aquí?
Mas, según públicas voces,
estabais presos los dos.
¡Vamos, lo que el vulgo miente!
DON LUIS: Ahora, acertadamente,
habló el vulgo; y ¡juro a Dios,
que, a no ser porque mi primo,
el tesorero real,
quiso fiarme, Pascual,
pierdo cuanto más estimo!
PASCUAL: Pues, ¿cómo?
DON LUIS: ¿En servirme estás?
PASCUAL: Hasta morir.

DON LUIS: Pues escucha.
Don Juan y yo, en una lucha
arriesgada por demás
empeñados nos hallamos;
pero, a querer tú ayudarme
más que la vida salvarme
puedes.

PASCUAL: ¿Qué hay que hacer? Sepamos.

DON LUIS: En una insigne locura
dimos tiempo ha: en apostar
cuál de ambos sabría obrar
peor, con mejor ventura.
Ambos nos hemos portado
bizarramente a cual más;
pero él es un Satanás,
y por fin me ha aventajado.
Púsele no sé qué pero;
dijímonos no sé
qué sobre ello, y el hecho fue
que él, mofándose altanero,
me dijo: «Y si esto no os llena,
pues que os casáis con doña Ana,
os apuesto a que mañana
os la quito yo.»

PASCUAL: ¡Ésa es buena!
¿Tal se ha atrevido a decir?

DON LUIS: No es lo malo que lo diga,
Pascual, sino que consiga
lo que intenta.

PASCUAL: ¿Conseguir?
En tanto que yo esté aquí,
descuidad, don Luis.

DON LUIS: Te juro
que si el lance no aseguro,
no sé qué va a ser de mí.

PASCUAL: ¡Por la Virgen del Pilar!
¿Le teméis?

DON LUIS: No, ¡Dios testigo!
Mas lleva ese hombre consigo
algún diablo familiar.

PASCUAL: Dadlo por asegurado.

DON LUIS: ¡Oh! Tal es el afán mío,
que ni en mí propio me fío
con un hombre tan osado.

PASCUAL: Yo os juro, por San Ginés,
que con toda su osadía,
le ha de hacer, por vida mía,
mal tercio un aragonés;
nos veremos.

DON LUIS: ¡Ay, Pascual,
que en qué te metes no sabes!

PASCUAL: En apreturas más graves
me he visto, y no salí mal.

DON LUIS: Estriba en lo perentorio
del plazo y en ser quien es.

PASCUAL: Más que un buen aragonés
no ha de valer un Tenorio.
Todos esos lenguaraces,
espadachines de oficio,
no son más que frontispicio
y de poca alma capaces.
Para infamar a mujeres
tienen lengua, y tienen manos
para osar a los ancianos
o apalear a mercaderes.
Mas cuando una buena espada,
por un buen brazo esgrimida,
con la muerte les convida,
todo su valor es nada.
Y sus empresas y bullas
se reducen todas ellas
a hablar mal de las doncellas
y a huir ante las patrullas.

DON LUIS: ¡Pascual!

PASCUAL: No lo hablo por vos,
que, aunque sois un calavera,
tenéis la alma bien entera
y reñís bien, ¡voto a bríos!

DON LUIS: Pues si es en mí tan notorio
el valor, mira, Pascual,
que el valor es proverbial
en la raza de Tenorio.
Y porque conozco bien
de su valor el extremo,
de sus ardides me temo
que en tierra con mi honra den.

PASCUAL: Pues suelto estáis ya, don Luis,
y pues que tanto os acucia
con la astucia prevenid.
¿Qué teméis de él?

DON LUIS: No lo sé;
mas esta noche sospecho
que ha de procurar el hecho
consumar.

PASCUAL: Soñáis.

DON LUIS: ¿Por qué?

PASCUAL: ¿No está preso?

DON LUIS: Sí que está;
mas también lo estaba yo,
y un hidalgo me fió.

PASCUAL: Mas, ¿quién a él le fiará?

DON LUIS: En fin, sólo un modo encuentro
de satisfacerme.

PASCUAL: ¿Cuál?

DON LUIS: Que de esta casa, Pascual,
quede yo esta noche dentro.

PASCUAL: Mirad que así de doña Ana
tenéis el honor vendido.

DON LUIS: ¡Qué mil rayos! ¿Su marido
no voy a ser yo mañana?

PASCUAL: Mas, señor, ¿no os digo yo
que os fío con la existencia?
DON LUIS: Sí; salir de una pendencia,
mas de un ardid diestro, no.
Y en fin, o paso en la casa
la noche, o tomo la calle,
aunque la justicia me halle.
PASCUAL: Señor don Luis, eso pasa
de terquedad, y es capricho
que dejar os aconsejo,
y os irá bien.
DON LUIS: No lo dejo,
Pascual.
PASCUAL: ¡Don Luis!
DON LUIS: Está dicho.
PASCUAL: ¡Vive Dios! ¿Hay tal afán?
DON LUIS: Tú dirás lo que quisieres,
mas yo fío en las mujeres
mucho menos que don Juan.
Y pues lance es extremado
por dos locos emprendido,
bien será un loco atrevido
para un loco desalmado.
PASCUAL: Mirad bien lo que decís,
porque yo sirvo a doña Ana
desde que nació, y mañana
seréis su esposo, don Luis.
DON LUIS: Pascual, esa hora llegada
y ese derecho adquirido,
yo sabré ser su marido
y la haré ser bien casada.
Mas en tanto...
PASCUAL: No habléis más.
Yo os conozco desde niños
y sé lo que son cariños,
¡por vida de Barrabás!
Oíd: mi cuarto es sobrado

para los dos; dentro de él
quedad; mas palabra fiel
dadme de estaros callados.

DON LUIS: Te la doy.

PASCUAL: Y hasta mañana,
juntos con doble cautela,
nos quedaremos en vela.

DON LUIS: Y se salvará doña Ana.

PASCUAL: Sea.

DON LUIS: Pues vamos.

PASCUAL: ¡Teneos!
¿Qué vais a hacer?

DON LUIS: A entrar.

PASCUAL: ¿Ya?

DON LUIS: ¿Quién sabe lo que él hará?

PASCUAL: Vuestros celosos deseos
reprimid; que ser no puede
mientras que no se recoja
mi amo, don Gil de Pantoja,
y todo en silencio quede.

DON LUIS: ¡Voto a...!

PASCUAL: ¡Eh! Dad una vez
breves treguas al amor.

DON LUIS: Y, ¿a qué hora ese buen señor
suele acostarse?

PASCUAL: A las diez;
y en esa calleja estrecha
hay una reja; llamad
a las diez, y descuidad
mientras en mí.

DON LUIS: Es cosa hecha.

PASCUAL: Don Luis, hasta luego pues.

DON LUIS: Adiós, Pascual, hasta luego.

ESCENA III

Don Luis

Don Luis: Jamás tal desasosiego
tuve. Paréceme que es
esta noche hora menguada
para mí..., y no sé qué vago
presentimiento, qué estrago
teme mi alma acongojada.
¡Por Dios, que nunca pensé
que a doña Ana amara así,
ni por ninguna sentí
lo que por ella...! ¡Oh! Y a fe
que de don Juan me amedrenta
no el valor, mas la ventura.
Parece que le asegura
Satanás en cuanto intenta.
No, no; es un hombre infernal,
y téngome para mí
que, si me aparto de aquí,
me burla, pese a Pascual.
Y aunque me tenga por necio,
quiero entrar; que con don Juan
las precauciones no están
para vistas con desprecio.
(Llama a la ventana)

ESCENA IV

Don Luis y doña Ana

Doña Ana: ¿Quién va?
Don Luis: ¿No es Pascual?
Doña Ana: ¡Don Luis!
Don Luis: ¡Doña Ana!

DOÑA ANA: ¿Por la ventana
llamas ahora?

DON LUIS: ¡Ay, doña Ana,
cuán a buen tiempo salís!

DOÑA ANA: Pues, ¿qué hay, Mejía?

DON LUIS: Un empeño
por tu beldad, con un hombre
que temo.

DOÑA ANA: Y, ¿qué hay que te asombre
en él, cuando eres tú el dueño
de mi corazón?

DON LUIS: Doña Ana,
no lo puedes comprender
de ese hombre, sin conocer
nombre y suerte.

DOÑA ANA: Será vana
su buena suerte conmigo.
Ya ves, sólo horas nos faltan
para la boda, y te asaltan
vanos temores.

DON LUIS: Testigo
me es Dios que nada por mí
me da pavor mientras tenga
espada, y ese hombre venga
cara a cara contra ti.
Mas, como un león audaz,
y cauteloso y prudente,
como la astuta serpiente.

DOÑA ANA: ¡Bah! Duerme, don Luis, en paz,
que su audacia y su prudencia
nada lograrán de mí,
que tengo cifrada en ti
la gloria de mi existencia.

DON LUIS: Pues bien, Ana, de ese amor
que me aseguras en nombre,
para no temer a ese hombre
voy a pedirte un favor.

DOÑA ANA: Di; mas bajo, por si escucha
tal vez alguno.
DON LUIS: Oye, pues.

ESCENA V

Doña Ana y don Luis, a la reja derecha;
don Juan y Ciutti en la calle izquierda

CIUTTI: Señor, ¡por mi vida que es
vuestra suerte buena y mucha!
DON JUAN: Ciutti, nadie como yo;
ya viste cuán fácilmente
el buen alcaide prudente
se avino, y suelta me dio.
Mas no hay ya en ello que hablar;
¿mis encargos has cumplido?
CIUTTI: Todos los he concluido
mejor que pude esperar.
DON JUAN: ¿La beata?
CIUTTI: Ésta es la llave
de la puerta del jardín
que habrá que escalar al fin;
pues como usarced ya sabe,
las tapias de este convento
no tienen entrada alguna.
DON JUAN: Y, ¿te dio carta?
CIUTTI: Ninguna;
me dijo que aquí al momento
iba a salir de camino;
que al convento se volvía,
y que con vos hablaría.
DON JUAN: Mejor es.
CIUTTI: Lo mismo opino.
DON JUAN: ¿Y los caballos?
CIUTTI: Con silla
y freno los tengo ya.

DON JUAN: ¿Y la gente?
CIUTTI: Cerca está.
DON JUAN: Bien, Ciutti; mientras Sevilla
tranquila en sueño reposa
creyéndome encarcelado,
otros dos nombres añado
a mi lista numerosa.
¡Ja, ja!
CIUTTI: Señor.
DON JUAN: ¿Qué?
CIUTTI: ¡Callad!
DON JUAN: ¿Qué hay, Ciutti?
CIUTTI: Al doblar la esquina,
en esa reja vecina
he visto a un hombre.
DON JUAN: Es verdad;
pues ahora sí que es mejor
el lance; ¿y si es ése?
CIUTTI: ¿Quién?
DON JUAN: Don Luis.
CIUTTI: Imposible.
DON JUAN: ¡Toma!
¿No estoy yo aquí?
CIUTTI: Diferencia
va de él a vos.
DON JUAN: Evidencia
lo creo, Ciutti; allí asoma
tras de la reja una dama.
CIUTTI: Una criada tal vez.
DON JUAN: Preciso es verlo, ¡pardiez!
no perdamos lance y fama.
Mira, Ciutti: a fuer de ronda
tú con varios de los míos
por esa calle escurríos,
dando vuelta a la redonda
a la casa.

Ciutti: Y en tal caso
cerrará ella.

Don Juan: Pues con eso,
ella ignorante y él preso,
nos dejará franco el paso.

Ciutti: Decís bien.

Don Juan: Corre y atájale,
que en ello el vencer consiste.

Ciutti: ¿Mas si el truhán se resiste...?

Don Juan: Entonces, de un tajo, rájale.

ESCENA VI

Don Juan, doña Ana y don Luis

Don Luis: ¿Me das, pues, tu asentimiento?

Doña Ana: Consiento.

Don Luis: ¿Complácesme de ese modo?

Doña Ana: En todo.

Don Luis: Pues te velaré hasta el día.

Doña Ana: Sí, Mejía.

Don Luis: Páguete el cielo, Ana mía,
satisfacción tan entera.

Doña Ana: Porque me juzgues sincera,
consiento en todo, Mejía.

Don Luis: Volveré, pues, otra vez.

Doña Ana: Sí, a las diez.

Don Luis: ¿Me aguardas, Ana?

Doña Ana: Sí.

Don Luis: Aquí.

Doña Ana: Y tú estarás puntual, ¿eh?

Don Luis: Estaré.

Doña Ana: La llave, pues, te daré.

Don Luis: Y dentro yo de tu casa,
venga Tenorio.

DOÑA ANA: Alguien pasa.
A las diez.
DON LUIS: Aquí estaré.

ESCENA VII

Don Juan y don Luis

DON LUIS: Más se acercan. ¿Quién va allá?
DON JUAN: Quien va.
DON LUIS: De quien va así, ¿qué se infiere?
DON JUAN: Que quiere.
DON LUIS: ¿Ver si la lengua le arranco?
DON JUAN: El paso franco.
DON LUIS: Guardado está.
DON JUAN: ¿Y soy yo manco?
DON LUIS: Pidiéraislo en cortesía.
DON JUAN: ¿Y a quién?
DON LUIS: A don Luis Mejía.
DON JUAN: Quien va, quiere el paso franco.
DON LUIS: ¿Conoceisme?
DON JUAN: Sí.
DON LUIS: ¿Y yo a vos?
DON JUAN: Los dos.
DON LUIS: ¿Y en qué estriba el estorballe?
DON JUAN: En la calle.
DON LUIS: ¿De ella los dos por ser amos?
DON JUAN: Estamos.
DON LUIS: Dos hay no más que podamos
necesitarla a la vez.
DON JUAN: Lo sé.
DON LUIS: Sois don Juan.
DON JUAN: ¡Pardiez!
Los dos ya en la calle estamos.

DON LUIS: ¿No os prendieron?
DON JUAN: Como a vos.
DON LUIS: ¡Vive Dios!
¿Y huisteis?
DON JUAN: Os imité.
¿Y qué?
DON LUIS: Que perderéis.
DON JUAN: No sabemos.
DON LUIS: Lo veremos.
DON JUAN: La dama entrambos tenemos
sitiada, y estáis cogido
DON LUIS: Tiempo hay.
DON JUAN: Para vos perdido.
DON LUIS: ¡Vive Dios que lo veremos!
(Don Luis desenvaina su espada, mas Ciutti, que ha bajado con los suyos cautelosamente hasta colocarse tras él, le sujeta)
DON JUAN: Señor don Luis, vedlo, pues.
DON LUIS: Traición es.
DON JUAN: La boca...
(A los suyos, que se la tapan a don Luis)
DON LUIS: ¡Oh! *(Le sujetan los brazos).*
DON JUAN: Sujeto atrás.
Más.
La empresa es, señor Mejía,
como mía.
Encerrádmele hasta el día.
(A los suyos)
La apuesta está ya en mi mano.
(A don Luis)
Adiós, don Luis; si os la gano,
traición es, mas como mía.

ESCENA VIII

Don Juan

Don Juan: Buen lance, ¡viven los cielos!
Éstos son los que dan fama:
mientras le soplo la dama
él se arrancará los pelos
encerrado en mi bodega.
¿Y ella...? Cuando crea hallarse
con él... ¡Ja, ja! ¡Oh!, y quejarse
no puede; limpio se juega.
A la cárcel le llevé,
y salió: llevome a mí,
y salí; hallarnos aquí
era fuerza..., ya se ve:
su parte en la grave apuesta
defendía cada cual.
Mas con la suerte está mal
Mejía, y también pierde ésta.
Sin embargo, y por si acaso,
no es de más asegurarse
de Lucía, a desgraciarse
no vaya por poco el paso.
Mas por allí un bulto negro
se aproxima... y, a mi ver,
es el bulto una mujer.
¿Otra aventura? Me alegro.

ESCENA IX

Don Juan y Brígida

Brígida: ¿Caballero?
Don Juan: ¿Quién va allá?
Brígida: ¿Sois don Juan?

DON JUAN: ¡Por vida de...!
¡Si es la beata! ¡Y a fe
que la había olvidado ya!
Llegaos, don Juan, soy yo.
BRÍGIDA: ¿Estáis solo?
DON JUAN: Con el diablo.
BRÍGIDA: ¡Jesucristo!
DON JUAN: Por vos lo hablo.
BRÍGIDA: ¿Soy yo el diablo?
DON JUAN: Créolo.
BRÍGIDA: ¡Vaya! ¡Qué cosas tenéis!
Vos sí que sois un diablillo.
DON JUAN: Que te llenará el bolsillo
si le sirves.
BRÍGIDA: Lo veréis.
DON JUAN: Descarga, pues, ese pecho.
¿Qué hiciste?
BRÍGIDA: Cuanto me ha dicho
vuestro paje..., ¡Y qué mal bicho
es ese Ciutti!
DON JUAN: ¿Qué ha hecho?
BRÍGIDA: ¡Gran bribón!
DON JUAN: ¿No os ha entregado
un bolsillo y un papel?
BRÍGIDA: Leyendo estará ahora en él
doña Inés.
DON JUAN: ¿La has preparado?
BRÍGIDA: ¡Vaya!, y os la he convencido
con tal maña y de manera
que irá como una cordera
tras vos.
DON JUAN: ¡Tan fácil te ha sido!
BRÍGIDA: ¡Bah! Pobre garza enjaulada,
dentro de jaula nacida,
¿qué sabe ella si hay más vida
ni más aire en que volar?
Si no vio nunca sus plumas

del sol a los resplandores,
¿qué sabe de los colores
de que se puede ufanar?
No cuenta la pobrecilla
diecisiete primaveras,
y aún virgen a las primeras
impresiones del amor,
nunca concibió la dicha
fuera de su propia estancia,
tratada desde su infancia
con cauteloso rigor.
Y tantos años monótonos
de soledad y convento
tenían su pensamiento
ceñido a punto tan ruin,
a tan reducido espacio,
y a círculo tan mezquino,
que era el claustro su destino
y el altar era su fin.
«Aquí está Dios», le dijeron:
y ella dijo: «Aquí le adoro».
«Aquí está el claustro y el coro».
Y pensó: «No hay más allá».
Y sin otras ilusiones
que sus sueños infantiles,
pasó diecisiete abriles
sin conocerlo quizás.

DON JUAN: ¿Y está hermosa...?
BRÍGIDA: ¡Oh! Como un ángel.
DON JUAN: Y le has dicho...
BRÍGIDA: Figuraos
si habré metido mal caos
en su cabeza, don Juan.
Le hablé del amor, del mundo,
de la corte y los placeres,
de cuánto con las mujeres
erais pródigo y galán.

Le dije que erais el hombre
por su padre destinado
para suyo; os he pintado
muerto por ella de amor,
desesperado por ella,
y por ella perseguido,
y por ella decidido
a perder vida y honor:
En fin, mis dulces palabras,
al posarse en sus oídos,
sus deseos mal dormidos
arrastraron de sí en pos;
y allá dentro de su pecho
han inflamado una llama
de fuerza tal, que ya os ama
y no piensa más que en vos.

DON JUAN: Tan incentiva pintura
los sentidos me enajena,
y el alma ardiente me llena
de su insensata pasión.
Empezó por una apuesta,
siguió por un devaneo,
engendró luego un deseo,
y hoy me quema el corazón.
Poco es el centro de un claustro;
¡al mismo infierno bajara,
y a estocadas la arrancara
de los brazos de Satán!
¡Oh! Hermosa flor cuyo cáliz
al rocío aún no se ha abierto,
a trasplantarse va al huerto
de sus amores don Juan.
¿Brígida?

BRÍGIDA: Os estoy oyendo,
y me hacéis perder el tino;
yo os creía un libertino
sin alma y sin corazón.

DON JUAN: ¿Eso extrañas? ¿No está claro
que en un objeto tan noble
hay que interesarse doble
que en otros?

BRÍGIDA: Tenéis razón.

DON JUAN: ¿Conque a qué hora se recogen
las madres?

BRÍGIDA: Ya recogidas
estarán. ¿Vos prevenidas
todas las cosas tenéis?

DON JUAN: Todas.

BRÍGIDA: Pues luego que doblen
a las ánimas, con tiento,
saltando al huerto, al convento
fácilmente entrar podéis
con la llave que os he enviado;
de un claustro oscuro y estrecho
es; seguidlo bien derecho,
y daréis con poco afán
en nuestra celda.

DON JUAN: Y si acierto
a robar tan gran tesoro,
te he de hacer pesar en oro.

BRÍGIDA: Por mí no queda, don Juan.

DON JUAN: Ve y aguárdame.

BRÍGIDA: Voy, pues,
a entrar por la portería,
y a cegar a sor María,
la tornera. Hasta después.
(Vase Brígida, y un poco antes de concluir esta escena sale Ciutti, que se para en el fondo esperando)

ESCENA X

Don Juan y Ciutti

DON JUAN: Pues señor, ¡soberbio envite!
Muchas hice hasta esta hora,
mas ¡por Dios, que la de ahora
será tal que me acredite!
Mas ya veo que me espera
Ciutti. ¡Lebrel! *(Llamándole)*

CIUTTI: Aquí estoy.

DON JUAN: ¿Y don Luis?

CIUTTI: Libre por hoy
estáis de él.

DON JUAN: Ahora quisiera
ver a Lucía.

CIUTTI: Llegar
podéis aquí. *(A la reja derecha)*
Yo la llamo
y al salir a mi reclamo
la podéis vos abordar.

DON JUAN: Llama, pues.

CIUTTI: La seña mía
sabe bien para que dude
en acudir.

DON JUAN: Pues si acude,
lo demás es cuenta mía.
(Ciutti llama a la reja con una seña que parezca convenida. Lucía se asoma a ella, y al ver a don Juan se detiene un momento)

ESCENA XI

Don Juan, Lucía y Ciutti

LUCÍA: ¿Qué queréis, buen caballero?
DON JUAN: Quiero...
LUCÍA: ¿Qué queréis? Vamos a ver.
DON JUAN: Ver.
LUCÍA: ¿Ver? ¿Qué veréis a esta hora?
DON JUAN: A tu señora.
LUCÍA: Idos, hidalgo, en mal hora;
¿quién pensáis que vive aquí?
DON JUAN: Doña Ana de Pantoja, y
quiero ver a tu señora.
LUCÍA: ¿Sabéis que casa doña Ana?
DON JUAN: Sí, mañana.
LUCÍA: ¿Y ha de ser tan infiel ya?
DON JUAN: Sí, será.
LUCÍA: Pues, ¿no es de don Luis Mejía?
DON JUAN: ¡Ca! Otro día.
Hoy no es mañana, Lucía;
yo he de estar hoy con doña Ana,
y si se casa mañana,
mañana será otro día.
LUCÍA: ¡Ah! ¿En recibiros está?
DON JUAN: Podrá.
LUCÍA: ¿Qué haré si os he de servir?
DON JUAN: Abrir.
LUCÍA: ¡Bah! ¿Y quién abre este castillo?
DON JUAN: Este bolsillo.
LUCÍA: ¡Oro!
DON JUAN: Pronto te dio el brillo.
LUCÍA: ¿Cuánto?
DON JUAN: De cien doblas pasa.
LUCÍA: ¡Jesús!
DON JUAN: Cuenta y di; ¿esta casa
podrá abrir este bolsillo?

LUCÍA: ¡Oh! Si es quien me dora el pico...
DON JUAN: Muy rico. *(Interrumpiéndola)*
LUCÍA: ¿Sí? ¿Qué nombre usa el galán?
DON JUAN: Don Juan
LUCÍA: ¿Sin apellido notorio?
DON JUAN: Tenorio.
LUCÍA: ¡Ánimas del purgatorio!
¿Vos, don Juan?
DON JUAN: ¿Qué te amedrenta,
si a tus ojos se presenta
muy rico don Juan Tenorio?
LUCÍA: Rechina la cerradura.
DON JUAN: Se asegura.
LUCÍA: ¿Y a mí, quién? ¡Por Belcebú!
DON JUAN: Tú.
LUCÍA: ¿Y qué me abrirá el camino?
DON JUAN: Buen tino.
LUCÍA: ¡Bah! Id en brazos del destino...
DON JUAN: Dobla el oro.
LUCÍA: Me acomodo.
DON JUAN: Pues mira cómo de todo
se asegura tu buen tino.
LUCÍA: Dadme algún tiempo, ¡pardiez!
DON JUAN: A las diez.
LUCÍA: ¿Dónde os busco, o vos a mí?
DON JUAN: Aquí.
LUCÍA: ¿Conque estaréis puntual, eh?
DON JUAN: Estaré.
LUCÍA: Pues yo una llave os traeré.
DON JUAN: Y yo otra igual cantidad.
LUCÍA: No me falléis.
DON JUAN: No, en verdad;
a las diez aquí estaré.
Adiós, pues, y en mí te fía.
LUCÍA: Y en mí el garboso galán.
DON JUAN: Adiós, pues, franca Lucía.
LUCÍA: Adiós, pues, rico don Juan.

(Lucía cierra la ventana. Ciutti se acerca a don Juan, a una seña de éste)

ESCENA XII

Don Juan y Ciutti

DON JUAN: *(Riéndose)* Con oro nada hay que falle;
Ciutti, ya sabes mi intento:
a las nueve en el convento;
a las diez, en esta calle. *(Vanse)*

OSCURO

ACTO TERCERO

Profanación

Celda de doña Inés. Puerta en el fondo y a la izquierda.

ESCENA PRIMERA

Doña Inés y la Abadesa

ABADESA: ¿Conque me habéis entendido?
DOÑA INÉS: Sí, señora.
ABADESA: Está muy bien;
la voluntad decisiva
de vuestro padre tal es.
Sois joven, cándida y buena:
vivido en el claustro habéis
casi desde que nacisteis;
y para quedar en él
atada con santos votos
para siempre, ni aun tenéis,
como otras, pruebas difíciles
ni penitencias que hacer.
¡Dichosa mil veces vos!
Dichosa, sí, doña Inés,
que, no conociendo el mundo,
no le debéis de temer.
¡Dichosa vos, que del claustro
al pisar en el dintel,
no os volveréis a mirar
lo que tras vos dejaréis!

Y los mundanos recuerdos
del bullicio y del placer
no os turbarán tentadores,
del ara santa a los pies;
pues ignorando lo que hay
tras esa santa pared,
lo que tras ella se queda
jamás apeteceréis.
Mansa paloma, enseñada
en las palmas a comer
del dueño que la ha criado
en doméstico vergel,
no habiendo salido nunca
de la protectora red,
no ansiaréis nunca las alas
por el espacio tender.
Lirio gentil, cuyo tallo
mecieron sólo tal vez
las embalsamadas brisas
del más florecido mes,
aquí a los besos del aura
vuestro cáliz abriréis,
y aquí vendrán vuestras hojas
tranquilamente a caer.
Y en el pedazo de tierra
que abarca nuestra estrechez,
y en el pedazo de cielo
que por las rejas se ve,
vos no veréis más que un lecho
do en dulce sueño yacer,
y un velo azul suspendido
a las puertas del Edén.
¡Ay! En verdad que os envidio,
venturosa doña Inés,
con vuestra inocente vida,
la virtud del no saber.
Mas, ¿por qué estáis cabizbaja?

¿Por qué no me respondéis
como otras veces, alegre,
cuando en lo mismo os hablé?
¿Suspiráis...? ¡Oh! Ya comprendo;
de vuelta aquí hasta no ver
a vuestra aya, estáis inquieta;
pero nada receléis.
A casa de vuestro padre
fue casi al anochecer,
y abajo en la portería
estará; yo os la enviaré,
que estoy en vela esta noche.
Conque, vamos, doña Inés,
recogeos, que ya es hora:
mal ejemplo no me deis
a las novicias, que ha tiempo
que duermen ya; hasta después.

DOÑA INÉS: Id con Dios, madre abadesa.

ABADESA: Adiós, hija.

ESCENA II

Doña Inés

DOÑA INÉS: Ya se fue.
No sé qué tengo, ¡ay de mí!,
que en tumultuoso tropel
mil encontradas ideas
me combaten a la vez.
Otras noches, complacida,
sus palabras escuché,
y de esos cuadros tranquilos,
que sabe pintar tan bien,
de esos placeres domésticos
la dichosa sencillez

y la calma venturosa,
me hicieron apetecer
la soledad de los claustros
y su santa rigidez.
Mas hoy la oí distraída,
y en sus pláticas hallé,
si no enojosos discursos
a lo menos aridez.
Y no sé por qué al decirme
que podría acontecer
que se acelerase el día
de mi profesión, temblé
y sentí del corazón
acelerarse el vaivén,
y teñírseme el semblante
de amarilla palidez.
¡Ay de mí...! ¡Pero mi dueña,
dónde estará...! Esa mujer,
con sus pláticas, al cabo,
me entretiene alguna vez.
Y hoy la echo menos... Acaso
porque la voy a perder,
que en profesando, es preciso
renunciar a cuanto amé.
Mas pasos siento en el claustro;
¡oh!, reconozco muy bien
sus pisadas... Ya está aquí.

ESCENA III

Doña Inés y Brígida

BRÍGIDA: Buenas noches, doña Inés.
DOÑA INÉS: ¿Cómo habéis tardado tanto?
BRÍGIDA: Voy a cerrar esta puerta.

DOÑA INÉS: Hay orden de que esté abierta.
BRÍGIDA: Eso es muy bueno y muy santo
para las otras novicias
que han de consagrarse a Dios;
no, doña Inés, para vos.
DOÑA INÉS: Brígida, ¿no ves que vicias
las reglas del monasterio,
que no permiten...?
BRÍGIDA: ¡Bah! ¡Bah!
Más seguro así se está,
y así se habla sin misterio
ni estorbos. ¿Habéis mirado
el libro que os he traído?
DOÑA INÉS: ¡Ay, se me había olvidado!
BRÍGIDA: ¡Pues me hace gracia el olvido!
DOÑA INÉS: ¡Como la madre abadesa
se entró aquí inmediatamente!
BRÍGIDA: ¡Vieja más impertinente!
DOÑA INÉS: ¿Pues tanto el libro interesa?
BRÍGIDA: ¡Vaya si interesa! Mucho.
¡Pues quedó con poco afán
el infeliz!
DOÑA INÉS: ¿Quién?
BRÍGIDA: Don Juan.
DOÑA INÉS: ¡Válgame el cielo! ¡Qué escucho!
¿Es don Juan quien me lo envía?
BRÍGIDA: Por supuesto.
DOÑA INÉS: ¡Oh! Yo no debo
tomarle.
BRÍGIDA: ¡Pobre mancebo!
Desairarle así sería
matarle.
DOÑA INÉS: ¿Qué estás diciendo?
BRÍGIDA: Si ese horario no tomáis,
tal pesadumbre le dais
que va a enfermar;
lo estoy viendo.

Doña Inés: ¡Ah! No, no; de esa manera,
le tomaré.

Brígida: Bien haréis.

Doña Inés: ¡Y qué bonito es!

Brígida: Ya veis;
quien quiere agradar, se esmera.

Doña Inés: Con sus manecillas de oro.
¡Y cuidado que está prieto!
A ver, a ver si completo
contiene el rezo del coro.
(Le abre y cae una carta de entre sus hojas)
Mas, ¿qué cayó?

Brígida: Un papelito.

Doña Inés: ¡Una carta!

Brígida: Claro está;
en esa carta os vendrá
ofreciendo el regalito.

Doña Inés: ¡Qué! ¿Será suyo el papel?

Brígida: ¡Vaya que sois inocente!
Pues que os feria, es consiguiente
que la carta será de él.

Doña Inés: ¡Ay, Jesús!

Brígida: ¿Qué es lo que os da?

Doña Inés: Nada, Brígida, no es nada.

Brígida: No, no; ¡si estáis inmutada!
(Aparte)
Ya presa en la red está.
¿Se os pasa?

Doña Inés: Sí.

Brígida: Eso habrá sido
cualquier mareíllo vano.

Doña Inés: ¡Ay, se me abrasa la mano
con que el papel he cogido!

Brígida: Doña Inés, ¡válgame Dios!
Jamás os he visto así:
estáis trémula.

DOÑA INÉS: ¡Ay de mí!
BRÍGIDA: ¿Qué es lo que pasa por vos?
DOÑA INÉS: No sé... El campo de mi mente
siento que cruzan perdidas
mil sombras desconocidas
que me inquietan vagamente;
y ha tiempo al alma me dan
con su agitación tortura.
BRÍGIDA: ¿Tiene alguna, por ventura,
el semblante de don Juan?
DOÑA INÉS: No sé; desde que le vi,
Brígida mía, y su nombre
me dijiste, tengo a ese hombre
siempre delante de mí.
Por doquiera me distraigo
con su agradable recuerdo,
y si un instante le pierdo,
en su recuerdo recaigo.
No sé qué fascinación
en mis sentidos ejerce,
que siempre hacia él se me tuerce
la mente y el corazón;
y aquí y en el oratorio,
y en todas partes, advierto
que el pensamiento divierto
con la imagen de Tenorio.
BRÍGIDA: ¡Válgame Dios! Doña Inés,
según lo vais explicando,
tentaciones me van dando
de creer que eso amor es.
DOÑA INÉS: ¿Amor has dicho?
BRÍGIDA: Sí, amor.
DOÑA INÉS: No, de ninguna manera.
BRÍGIDA: Pues por amor lo entendiera
el menos entendedor;
mas vamos la carta a ver.
¿En qué os paráis? ¿Un suspiro?

DOÑA INÉS: ¡Ay! Que cuanto más la miro,
menos me atrevo a leer.
(Lee)
«Doña Inés del alma mía».
¡Virgen Santa, qué principio!
BRÍGIDA: Vendrá en verso, y será un ripio
que traerá la poesía.
¡Vamos, seguid adelante!
(Lee)
DOÑA INÉS: «Luz de donde el sol la toma,
hermosísima paloma
privada de libertad;
si os dignáis por estas letras
pasar vuestros lindos ojos,
no los tornéis con enojos
sin concluir; acabad.»
BRÍGIDA: ¡Qué humildad! ¡Y qué finura!
¿Dónde hay mayor rendimiento?
DOÑA INÉS: Brígida, no sé qué siento.
BRÍGIDA: Seguid, seguid la lectura.
DOÑA INÉS: *(Lee)*
«Nuestros padres de consuno
nuestras bodas acordaron,
porque los cielos juntaron
los destinos de los dos.
Y halagado desde entonces
con tan risueña esperanza,
mi alma, doña Inés, no alcanza
otro porvenir que vos.
De amor con ella en mi pecho,
brotó una chispa ligera,
que han convertido en hoguera
tiempo y afición tenaz:
y esta llama, que en mí mismo
se alimenta, inextinguible,
cada día más terrible
va creciendo y más voraz.»

BRÍGIDA: Es claro; esperar le hicieron
en vuestro amor algún día,
y hondas raíces tenía
cuando a arrancársele fueron.
Seguid.

DOÑA INÉS: *(Lee)*
«En vano a apagarla
concurren tiempo y ausencia,
que doblando su violencia,
no hoguera ya, volcán es.
Y yo, que en medio del cráter
desamparado batallo,
suspendido en él me hallo
entre mi tumba y mi Inés.»

BRÍGIDA: ¿Lo veis, Inés? Si ese Horario
le despreciáis, al instante
le preparan el sudario.

DOÑA INÉS: Yo desfallezco.

BRÍGIDA: Adelante.

DOÑA INÉS: *(Lee)*
«Inés, alma de mi alma,
perpetuo imán de mi vida,
perla sin concha escondida
entre las algas del mar;
garza que nunca del nido
tender osastes el vuelo
al diáfano azul del cielo
para aprender a cruzar;
si es que a través de esos muros
el mundo apenada miras,
y por el mundo suspiras
de libertad con afán,
acuérdate que al pie mismo
de esos muros que te guardan,
para salvarte te aguardan
los brazos de tu don Juan.»
(Representa)

¿Qué es lo que me pasa, ¡cielo!,
que me estoy viendo morir?

BRÍGIDA: *(Aparte)*
Ya tragó todo el anzuelo.
Vamos, que está al concluir.

DOÑA INÉS: *(Lee)*
«Acuérdate de quien llora
al pie de tu celosía
y allí le sorprende el día
y le halla la noche allí;
acuérdate de quien vive
sólo por ti, ¡vida mía!,
y que a tus pies volaría
si me llamaras a ti.»

BRÍGIDA: ¿Lo veis? Vendría.

DOÑA INÉS: ¡Vendría!

BRÍGIDA: A postrarse a vuestros pies.

DOÑA INÉS: ¿Puede?

BRÍGIDA: ¡Oh! ¡Sí!

DOÑA INÉS: ¡Virgen María!

BRÍGIDA: Pero acabad, doña Inés.

DOÑA INÉS: *(Lee)*
«Adiós, ¡oh luz de mis ojos!
Adiós, Inés de mi alma:
medita, por Dios, en calma
las palabras que aquí van;
y si odias esa clausura
que ser tu sepulcro debe,
manda, que a todo se atreve,
por tu hermosura, don Juan.»
(Representa)
¡Ay! ¿Qué filtro envenenado
me dan en este papel,
que el corazón desgarrado
me estoy sintiendo con él?
¿Qué sentimientos dormidos
son los que revela en mí?

¿Qué impulsos jamás sentidos?
¿Qué luz, que hasta hoy nunca vi?
¿Qué es lo que engendra en mi alma
tan nuevo y profundo afán?
¿Quién roba la dulce calma
de mi corazón?

BRÍGIDA: Don Juan.

DOÑA INÉS: ¡Don Juan, dices!
¿Conque ese hombre
me ha de seguir por doquier?
¿Sólo he de escuchar su nombre?
¿Sólo su sombra he de ver?
¡Ah! Bien dice: juntó el cielo
los destinos de los dos,
y en mi alma engendró este anhelo
fatal.

BRÍGIDA: ¡Silencio, por Dios!
(Se oyen dar las ánimas)

DOÑA INÉS: ¿Qué?

BRÍGIDA: Silencio.

DOÑA INÉS: Me estremeces.

BRÍGIDA: ¿Oís, doña Inés, tocar?

DOÑA INÉS: Sí; lo mismo que otras veces,
las ánimas oigo dar.

BRÍGIDA: Pues no habléis de él.

DOÑA INÉS: ¡Cielo santo!
¿De quién?

BRÍGIDA: ¿De quién ha de ser?
De ese don Juan que amáis tanto,
porque puede aparecer.

DOÑA INÉS: ¡Me amedrentas! ¿Puede ese hombre
llegar hasta aquí?

BRÍGIDA: Quizás.
Porque el eco de su nombre
tal vez llega a donde está.

DOÑA INÉS: ¡Cielos! ¿Y podrá...?

BRÍGIDA: ¿Quién sabe?

Doña Inés: ¿Es un espíritu, pues?
Brígida: No. Mas si tiene una llave...
Doña Inés: ¡Dios!
Brígida: Silencio, doña Inés.
¿No oís pasos?
Doña Inés: ¡Ay! Ahora
nada oigo.
Brígida: Las nueve dan.
Suben..., se acercan..., señora...,
ya está aquí.
Doña Inés: ¿Quién?
Brígida: ¡Don Juan!

ESCENA IV

Doña Inés, don Juan y Brígida

Doña Inés: ¿Qué es esto? Sueño, deliro.
Don Juan: ¡Inés de mi corazón!
Doña Inés: ¿Es realidad lo que miro,
o es una fascinación?
Tenedme...,
apenas respiro...;
Sombra..., huye, por compasión.
¡Ay de mí!
(Desmáyase doña Inés y don Juan la sostiene. La carta de don Juan queda en el suelo, abandoñada por doña Inés al desmayarse)
Brígida: La ha fascinado
vuestra repentina entrada,
y el pavor la ha trastornado.
Don Juan: Mejor:
así nos ha ahorrado
la mitad de la jornada.

¡Ea! No desperdiciemos
el tiempo aquí en contemplarla,
si perdernos no queremos.
En los brazos a tomarla
voy, y cuanto antes, ganemos
ese claustro solitario.

BRÍGIDA: ¡Oh! ¿Vais a sacarla así?

DON JUAN: Necia,
¿piensas que rompí
la clausura, temerario,
para dejármela aquí?
Mi gente abajo me espera:
sígueme.

BRÍGIDA: ¡Sin alma estoy!
¡Ay! Este hombre es una fiera;
nada le ataja ni altera...
Sí, sí. A su sombra me voy.

ESCENA V

La abadesa

ABADESA: Jurara que había oído
por estos claustros andar:
hoy a doña Inés velar
algo más la he permitido.
Y me temo... Mas no están
aquí. ¿Qué pudo ocurrir
a las dos para salir
de la celda? ¿Dónde irán?
¡Hola! Yo las ataré
corto para que no vuelvan
a enredar, y me revuelvan
a las novicias...; sí, a fe.
Mas siento por allá afuera
pasos. ¿Quién es?

ESCENA VI

La abadesa y la tornera

TORNERA: Yo, señora.
ABADESA: ¡Vos en el claustro a esta hora!
¿Qué es esto, hermana tornera?
TORNERA: Madre abadesa, os buscaba.
ABADESA: ¿Qué hay? Decid.
TORNERA: Un noble anciano
quiere hablaros.
ABADESA: Es en vano.
TORNERA: Dice que es de Calatrava
caballero; que sus fueros
le autorizan a este paso,
y que la urgencia del caso
le obliga al instante a veros.
ABADESA: ¿Dijo su nombre?
TORNERA: El señor
don Gonzalo Ulloa.
ABADESA: ¿Qué
puede querer...? Ábrale,
hermana; es comendador
de la Orden, y derecho
tiene en el claustro de entrada.

ESCENA VII

La abadesa y don Gonzalo, después

ABADESA: ¿A una hora tan avanzada
venir así? No sospecho
qué pueda ser...; mas me place,
pues no hallando a su hija aquí,

la reprenderá, y así
mirará otra vez lo que hace.

ESCENA VIII

La abadesa, don Gonzalo y la tornera a la puerta

DON GONZALO: Perdonad, madre abadesa,
que en hora tal os moleste;
mas para mí, asunto es éste
que honra y vida me interesa.
ABADESA: ¡Jesús!
DON GONZALO: Oíd.
ABADESA: Hablad, pues.
DON GONZALO: Yo guardé hasta hoy un tesoro
de más quilates que el oro,
y ese tesoro es mi Inés.
ABADESA: A propósito...
DON GONZALO: Escuchad.
Se me acaba de decir
que han visto a su dueña ir
ha poco por la ciudad
hablando con el criado
de un don Juan, de tal renombre,
que no hay en la tierra otro hombre
tan audaz y tan malvado.
En tiempo atrás se pensó
con él a mi hija casar,
y hoy, que se la fui a negar,
robármela me juró.
Que por el torpe doncel
ganada la dueña está
no puedo dudarlo ya;
debo, pues, guardarme de él.
Y un día, una hora quizás

de imprevisión le bastara
para que mi honor manchara
a ese hijo de Satanás.
He aquí mi inquietud cuál es:
por la dueña, en conclusión,
vengo; vos la profesión
abreviad de doña Inés.

ABADESA: Sois padre, y es vuestro afán
muy justo, comendador;
mas ved que ofende a mi honor.

DON GONZALO: No sabéis quién es don Juan.

ABADESA: Aunque le pintáis tan malo,
yo os puedo decir de mí,
mientras Inés esté aquí,
segura está, don Gonzalo.

DON GONZALO: Lo creo; mas las razones
abreviemos: entregadme
a esa dueña, y perdonadme
mis mundanas opiniones.
Si vos de vuestra virtud
me respondéis, yo me fundo
en que conozco del mundo
la insensata juventud.

ABADESA: Se hará como lo exigís.
Hermana tornera, id, pues,
a buscar a doña Inés
y a su dueña. *(Vase la tornera)*

DON GONZALO: ¿Qué decís,
señora?
O traición me ha hecho
mi memoria, o yo sé bien
que ésta es hora de que estén
ambas a dos en su lecho.

ABADESA: Ha un punto sentí a las dos
salir de aquí, no sé a qué.

DON GONZALO: ¡Ay! Por qué tiemblo, no sé.
¡Más qué veo, santo Dios!

Un papel... Me lo decía
a voces mi mismo afán.
(Leyendo)
«Doña Inés del alma mía...»
Y la firma de don Juan.
Ved..., ved..., esa prueba escrita.
Leed ahí... ¡Oh! Mientras que vos
por ella rogáis a Dios,
viene el diablo y os la quita.

ESCENA IX

La abadesa, don Gonzalo y la tornera

TORNERA: Señora...
ABADESA: ¿Qué?
TORNERA: Vengo muerta.
DON GONZALO: Concluid.
TORNERA: No acierto a hablar...
He visto a un hombre saltar
por las tapias de la huerta.
DON GONZALO: ¿Veis? ¡Corramos, ay de mí!
ABADESA: ¿Dónde vais, comendador?
DON GONZALO: ¡Imbécil! Tras de mi honor,
que os roban a vos de aquí.

OSCURO

ACTO CUARTO

El diablo a las puertas del cielo

Quinta de don Juan Tenorio cerca de Sevilla y sobre el Guadalquivir. Balcón en el fondo. Dos puertas a cada lado.

ESCENA PRIMERA

Brígida y Ciutti

BRÍGIDA: ¡Qué noche, válgame Dios!
A poderlo calcular
no me meto yo a servir
a tan fogoso galán.
¡Ay, Ciutti! Molida estoy;
no me puedo menear.
CIUTTI: ¿Pues qué os duele?
BRÍGIDA: Todo el cuerpo
y toda el alma además.
CIUTTI: ¡Ya! No estáis acostumbrada
al caballo, es natural.
BRÍGIDA: Mil veces pensé caer.
¡Uf! ¡Qué mareo! ¡Qué afán!
Veía yo uno tras otro
ante mis ojos pasar
los árboles como en alas

llevados de un huracán,
tan apriesa y produciéndome
ilusión tan infernal,
que perdiera los sentidos
si tardamos en parar.

CIUTTI: Pues de estas cosas veréis,
si en esta casa os quedáis,
lo menos seis por semana.

BRÍGIDA: ¡Jesús!

CIUTTI: ¿Y esa niña está
reposando todavía?

BRÍGIDA: ¿Y a qué se ha de despertar?

CIUTTI: Sí, es mejor que abra los ojos
en los brazos de don Juan.

BRÍGIDA: Preciso es que tu amo tenga
algún diablo familiar.

CIUTTI: Yo creo que sea él mismo
un diablo en carne mortal
porque a lo que él, solamente
se arrojara Satanás.

BRÍGIDA: ¡Oh! ¡El lance ha sido extremado!

CIUTTI: Pero al fin logrado está.

BRÍGIDA: ¡Salir así de un convento
en medio de una ciudad
como Sevilla!

CIUTTI: Es empresa
tan sólo para hombre tal.
Mas, ¡qué diablos!, si a su lado
la fortuna siempre va,
y encadenado a sus pies
duerme sumiso el azar.

BRÍGIDA: Sí, decís bien.

CIUTTI: No he visto hombre
de corazón más audaz;
no halla riesgo que le espante,
ni encuentra dificultad
que, al empeñarse en vencer,

lo haga un punto vacilar.
A todo osado se arroja,
de todo se ve capaz,
ni mira dónde se mete,
ni lo pregunta jamás.
«Allí hay un lance», le dicen:
y él dice: «Allá va don Juan».
¡Mas ya tarda, vive Dios!

BRÍGIDA: Las doce en la catedral
han dado ha tiempo.

CIUTTI: Y de vuelta
debía a las doce estar.

BRÍGIDA: ¿Pero por qué no se vino
con nosotros?

CIUTTI: Tiene allá
en la ciudad todavía
cuatro cosas que arreglar.

BRÍGIDA: ¿Para el viaje?

CIUTTI: Por supuesto;
aunque muy fácil será
que esta noche a los infiernos
le hagan a él mismo viajar.

BRÍGIDA: ¡Jesús, qué ideas!

CIUTTI: Pues digo:
¿son obras de caridad
en las que nos empleamos,
para mejor esperar?
Aunque seguros estamos,
como vuelva por acá.

BRÍGIDA: ¿De veras, Ciutti?

CIUTTI: Venid a este balcón y mirad.
¿Qué veis?

BRÍGIDA: Veo un bergantín
que anclado en el río está.

CIUTTI: Pues su patrón sólo aguarda
las órdenes de don Juan,

y salvos, en todo caso,
a Italia nos llevará.

BRÍGIDA: ¿Cierto?

CIUTTI: Y nada receléis
por nuestra seguridad,
que es el barco más velero
que boga sobre la mar.

BRÍGIDA: ¡Chist! Ya siento a doña Inés...

CIUTTI: Pues yo me voy, que don Juan
encargó que sola vos
debíais con ella hablar.

BRÍGIDA: Y encargó bien, que yo entiendo
de esto.

CIUTTI: Adiós, pues.

BRÍGIDA: Vete en paz.

ESCENA II

Doña Inés y Brígida

DOÑA INÉS: Dios mío, ¡cuánto he soñado!
Loca estoy. ¿Qué hora será?
¿Pero qué es esto, ay de mí?
No recuerdo que jamás
haya visto este aposento.
¿Quién me trajo aquí?

BRÍGIDA: Don Juan.

DOÑA INÉS: Siempre don Juan, mas conmigo
aquí tú también estás,
Brígida...

BRÍGIDA: Sí, doña Inés.

DOÑA INÉS: Pero dime, en caridad,
¿dónde estamos? ¿Este cuarto
es del convento?

BRÍGIDA: No tal;

aquello era un cuchitril,
en donde no había más
que miseria.

DOÑA INÉS: Pero, en fin,
¿en dónde estamos?

BRÍGIDA: Mirad,
mirad por este balcón,
y alcanzaréis lo que va
desde un convento de monjas
a una quinta de don Juan.

DOÑA INÉS: ¿Es de don Juan esta quinta?

BRÍGIDA: Y creo que vuestra ya.

DOÑA INÉS: Pero no comprendo, Brígida,
lo que hablas.

BRÍGIDA: Escuchad.
Estabais en el convento
leyendo con mucho afán
una carta de don Juan,
cuando estalló en un momento
un incendio formidable.

DOÑA INÉS: ¡Jesús!

BRÍGIDA: Espantoso, inmenso;
el humo era ya tan denso,
que el aire se hizo palpable.

DOÑA INÉS: Pues no recuerdo...

BRÍGIDA: Las dos,
con la carta entretenidas,
olvidamos nuestras vidas,
yo oyendo, y leyendo vos.
Y estaba, en verdad, tan tierna,
que entrambas a su lectura
achacamos la tortura
que sentíamos interna.
Apenas ya respirar
podíamos, y las llamas
prendían en nuestras camas:
nos íbamos a asfixiar,

cuando don Juan, que os adora,
y que rondaba el convento,
al ver crecer con el viento
la llama devastadora,
con inaudito valor,
viendo que ibais a abrasaros,
se metió para salvaros,
por donde pudo mejor.
Vos, al verle así asaltar
la celda tan de improviso,
os desmayasteis..., preciso;
la cosa era de esperar.
Y él, cuando os vio caer así,
en sus brazos os tomó
y echó a huir; yo le seguí,
y del fuego nos sacó.
¿Dónde íbamos a esta hora?
Vos seguíais desmayada;
yo estaba ya casi ahogada.
Dijo, pues: «Hasta la aurora
en mi casa la tendré».
Y hemos, doña Inés, aquí.

Doña Inés: ¿Conque ésta es su casa?

Brígida: Sí.

Doña Inés: Pues nada recuerdo a fe.
Pero... ¡en su casa...! ¡Oh! Al punto
salgamos de ella... Yo tengo
la de mi padre.

Brígida: Convengo
con vos; pero es el asunto...

Doña Inés: ¿Qué?

Brígida: Que no nos podemos ir.

Doña Inés: Oír tal me maravilla.

Brígida: Nos aparta de Sevilla...

Doña Inés: ¿Quién?

Brígida: Vedlo, el Guadalquivir.

Doña Inés: ¿No estamos en la ciudad?

BRÍGIDA: A una legua nos hallamos
de sus murallas.

DOÑA INÉS: ¡Oh! ¡Estamos
perdidas!

BRÍGIDA: ¡No sé, en verdad,
por qué!

DOÑA INÉS: Me estás confundiendo,
Brígida..., y no sé qué redes
son las que entre estas paredes
temo que me estás tendiendo.
Nunca el claustro abandoné,
ni sé del mundo exterior
los usos; mas tengo honor.
Noble soy, Brígida, y sé
que la casa de don Juan
no es buen sitio para mí:
me lo está diciendo aquí
no sé qué escondido afán.
Ven, huyamos.

BRÍGIDA: Doña Inés,
la existencia os ha salvado.

DOÑA INÉS: Sí, pero me ha envenenado
el corazón.

BRÍGIDA: ¿Le amáis, pues?

DOÑA INÉS: No sé...; mas, por compasión,
huyamos pronto de este hombre,
tras de cuyo solo nombre
se me escapa el corazón.
¡Ah! Tú me diste un papel,
de manos de ese hombre escrito,
y algún encanto maldito
me diste encerrado en él.
Una sola vez le vi
por entre unas celosías,
y que estaba, me decías,
en aquel sitio por mí.
Tú, Brígida, a todas horas,

me venías de él a hablar,
haciéndome recordar
sus gracias fascinadoras.
Tú me dijiste que estaba
para mío destinado
por mi padre, y me has jurado
en su nombre que me amaba.
¿Que le amo dices...? Pues bien,
si esto es amar, sí, le amo;
pero yo sé que me infamo
con esa pasión también.
Y si el débil corazón
se me va tras de don Juan
tirándome de él están
mi honor y mi obligación.
Vamos, pues; vamos de aquí
primero que ese hombre venga;
pues fuerza acaso no tenga
si le veo junto a mí.
Vamos, Brígida.

BRÍGIDA: Esperad.
¿No oís?

DOÑA INÉS: ¿Qué?

BRÍGIDA: Ruido de remos.

DOÑA INÉS: Sí, dices bien; volveremos
en un bote a la ciudad.

BRÍGIDA: Mirad, mirad, doña Inés.

DOÑA INÉS: Acaba..., por Dios, partamos.

BRÍGIDA: Ya, imposible que salgamos.

DOÑA INÉS: ¿Por qué razón?

BRÍGIDA: Porque él es
quien en ese barquichuelo
se adelanta por el río.

DOÑA INÉS: ¡Ay! ¡Dame fuerzas, Dios mío!

BRÍGIDA: Ya llegó; ya está en el suelo.
Sus gentes nos volverán
a casa; mas antes de irnos,

	es preciso despedirnos
	a lo menos de don Juan.
DOÑA INÉS:	Sea, y vamos al instante.
	No quiero volverle a ver.
BRÍGIDA:	Los ojos te hará volver
	al encontrarle delante.
	Vamos.
DOÑA INÉS:	Vamos.
CIUTTI:	*(Dentro)* Aquí están.
DON JUAN:	*(Dentro)* Alumbra.
BRÍGIDA:	¡Nos busca!
DOÑA INÉS:	Él es.

ESCENA III

Dichos y don Juan

DON JUAN:	¿Adónde vais, doña Inés?
DOÑA INÉS:	Dejadme salir, don Juan.
DON JUAN:	¿Que os deje salir?
BRÍGIDA:	Señor,
	sabiendo ya el accidente
	del fuego, estará impaciente
	por su hija el comendador.
DON JUAN:	¡El fuego! ¡Ah! No os dé cuidado
	por don Gonzalo, que ya
	dormir tranquilo le hará
	el mensaje que le he enviado.
DOÑA INÉS:	¿Le habéis dicho?
DON JUAN:	Que os hallabais
	bajo mi amparo segura,
	y el aura del campo pura
	libre, por fin, respirabais.
	¡Cálmate, pues, vida mía!
	Reposa aquí, un momento

olvida de tu convento
la triste cárcel sombría.
¡Ah! ¿No es cierto, ángel de amor,
que en esta apartada orilla
más pura la luna brilla
y se respira mejor?
Esta aura que vaga, llena
de los sencillos olores
de las campesinas flores
que brota esa orilla amena;
esa agua limpia y serena
que atraviesa sin temor
la barca del pescador
que espera cantando el día,
¿no es cierto, paloma mía,
que están respirando amor?
Esa armonía que el viento
recoge entre esos millares
de floridos olivares,
que agita con manso aliento;
ese dulcísimo acento
con que trina el ruiseñor
de sus copas morador,
llamando al cercano día,
¿no es verdad, gacela mía,
que están respirando amor?
Y estas palabras que están
filtrando insensiblemente
tu corazón, ya pendiente
de los labios de don Juan,
y cuyas ideas van
inflamando en su interior
un fuego germinador
no encendido todavía,
¿no es verdad, estrella mía,
que están respirando amor?
Y esas dos líquidas perlas

que se desprenden tranquilas
de tus radiantes pupilas
convidándome a beberlas,
evaporarse, a no verlas,
de sí mismas al calor;
y ese encendido color
que en tu semblante no había,
¿no es verdad, hermosa mía,
que están respirando amor?
¡Oh! Sí, bellísima Inés,
espejo y luz de mis ojos;
escucharme sin enojos
como lo haces, amor es;
mira aquí a tus plantas, pues,
todo el altivo rigor
de este corazón traidor
que rendirse no creía,
adorando, vida mía,
la esclavitud de tu amor.

DOÑA INÉS: Callad, por Dios, ¡oh!, don Juan,
que no podré resistir
mucho tiempo, sin morir,
tan nunca sentido afán.
¡Ah! Callad, por compasión;
que oyéndoos, me parece
que mi cerebro enloquece
y se arde mi corazón.
¡Ah! Me habéis dado a beber
un filtro infernal, sin duda,
que a rendiros os ayuda
la virtud de la mujer.
Tal vez poseéis, don Juan,
un misterioso amuleto,
que a vos me atrae en secreto
como irresistible imán.
Tal vez Satán puso en vos
su vista fascinadora,

su palabra seductora
y el amor que negó a Dios.
¿Y qué he de hacer, ¡ay de mí!,
sino caer en vuestros brazos,
si el corazón en pedazos
me vais robando de aquí?
No, don Juan, en poder mío
resistirte no está ya;
yo voy a ti, como va
sorbido al mar ese río.
Tu presencia me enajena,
tus palabras me alucinan,
y tus ojos me fascinan,
y tu aliento me envenena.
¡Don Juan! ¡Don Juan! Yo lo imploro
de tu hidalga compasión:
o arráncame el corazón,
o ámame, porque te adoro.

DON JUAN: ¡Alma mía! Esa palabra
cambia de modo mi ser,
que alcanzo que puede hacer
hasta que el Edén se me abra.
No es, doña Inés, Satanás
quien pone este amor en mí:
es Dios, que quiere por ti
ganarme para Él quizás.
No; el amor que hoy se atesora
en mi corazón mortal,
no es un amor terrenal
como el que sentí hasta ahora;
no es esa chispa fugaz
que cualquier ráfaga apaga;
es incendio que se traga
cuanto ve, inmenso voraz.
Desecha, pues, tu inquietud,
bellísima doña Inés,

porque me siento a tus pies
capaz aun de la virtud.
Sí; iré mi orgullo a postrar
ante el buen comendador
y habrá de darme tu amor,
o me tendrá que matar.

DOÑA INÉS: ¡Don Juan de mi corazón!
DON JUAN: ¡Silencio! ¿Habéis escuchado?
DOÑA INÉS: ¿Qué?
DON JUAN: Sí; una barca ha atracado
debajo de este balcón.
Un hombre embozado de ella
salta... Brígida, al momento
pasad a esotro aposento,
y personad, Inés bella,
si sólo me importa estar.
DOÑA INÉS: ¿Tardarás?
DON JUAN: Poco ha de ser.
DOÑA INÉS: A mi padre hemos de ver.
DON JUAN: Sí, en cuanto empiece a clarear.
Adiós.

ESCENA IV

Don Juan y Ciutti

CIUTTI: Señor.
DON JUAN: ¿Qué sucede,
Ciutti?
CIUTTI: Ahí está un embozado
en veros muy empeñado.
DON JUAN: ¿Quién es?
CIUTTI: Dice que no puede
descubrise más que a vos,

y que es cosa de tal priesa,
que en ella se os interesa
la vida a entrambos a dos.

Don Juan: ¿Y en él no has reconocido
marca ni señal alguna
que nos oriente?

Ciutti: Ninguna;
mas a veros decidido
viene.

Don Juan: ¿Trae gente?

Ciutti: No más
que los remeros del bote.

Don Juan: Que entre.

ESCENA V

Don Juan, luego Ciutti y don Luis, embozado

Don Juan: ¡Jugamos a escote
la vida...! ¿Mas si es quizás
un traidor que hasta mi quinta
me viene siguiendo el paso?
Hálleme, pues, por si acaso,
con la armas en la cinta.
(Se ciñe la espada y suspende el cinto un par de pistolas, que habrá colocado sobre la mesa a su salida en la escena tercera. Al momento sale Ciutti conduciendo a don Luis, que, embozado hasta los ojos, espera a que se queden solos. Don Juan hace a Ciutti una seña para que se retire. Lo hace)

ESCENA VI

Don Juan y don Luis

DON JUAN: *(Buen talante a don Luis)*
Bienvenido,
caballero.
DON LUIS: Bien hallado,
señor mío.
DON JUAN: Sin cuidado
hablad.
DON LUIS: Jamás lo he tenido.
DON JUAN: Decid, pues: ¿a qué venís
a esta hora y con tal afán?
DON LUIS: Vengo a mataros, don Juan.
DON JUAN: Según esto sois don Luis.
DON LUIS: No os engañó el corazón,
y el tiempo no malgastemos,
don Juan; los dos no cabemos
ya en la tierra.
DON JUAN: En conclusión,
señor Mejía, ¿es decir,
que porque os gané la apuesta
queréis que acabe la fiesta
con salirnos a batir?
DON LUIS: Estáis puesto en la razón;
la vida apostado habemos,
y es fuerza que nos paguemos.
DON JUAN: Soy de la misma opinión.
Mas ved que os debo advertir
que sois vos quien la ha perdido.
DON LUIS: Pues por eso os la he traído;
mas no creo que morir
deba nunca un caballero
que lleva en el cinto espada,
como una res destinada
por su dueño al matadero.

DON JUAN: Ni yo creo que resquicio
habréis jamás encontrado
por donde me hayáis tomado
por un cortador de oficio.

DON LUIS: De ningún modo; y ya veis
que, pues os vengo a buscar,
mucho en vos debo fiar.

DON JUAN: No más de lo que podéis.
Y por mostraros mejor
mi generosa hidalguía,
decid si aún puedo, Mejía,
satisfacer vuestro honor.
Leal la apuesta os gané;
mas si tanto os ha escocido,
mirad si halláis conocido
remedio, y le aplicaré.

DON LUIS: No hay más
que el que os he propuesto,
don Juan. Me habéis maniatado
y habéis la casa asaltado
usurpándome mi puesto;
y pues el mío tomasteis
para triunfar de doña Ana,
no sois vos, don Juan, quien gana,
porque por otro jugasteis.

DON JUAN: Ardides del juego son.

DON LUIS: Pues no os lo quiero pasar,
y por ellos a jugar
vamos ahora el corazón.

DON JUAN: ¿Le arriesgáis, pues, en revancha
de doña Ana de Pantoja?

DON LUIS: Sí, y lo que tardo me enoja
en lavar tan fea mancha.
Don Juan, yo la amaba, sí;
mas con lo que habéis osado,
imposible la hais dejado
para vos y para mí.

DON JUAN: ¿Por qué la apostasteis, pues?
DON LUIS: Porque no pude pensar
que la pudierais lograr.
Y... vamos, por San Andrés,
a reñir, que me impaciento.
DON JUAN: Bajemos a la ribera.
DON LUIS: Aquí mismo.
DON JUAN: Necio, fuera;
¿no veis que en este aposento
prendieran al vencedor?
Vos traéis una barquilla.
DON LUIS: Sí.
DON JUAN: Pues que lleve a Sevilla
al que quede.
DON LUIS: Eso es mejor;
salgamos, pues.
DON JUAN: Esperad.
DON LUIS: ¿Qué sucede?
DON JUAN: Ruido siento.
DON LUIS: Pues no perdamos momento.

ESCENA VII

Don Juan, don Luis y Ciutti

CIUTTI: Señor, la vida salvad.
DON JUAN: ¿Qué hay, pues?
CIUTTI: El comendador,
que llega con gente armada.
DON JUAN: Déjale franca la entrada,
pero a él solo.
CIUTTI: Mas señor...
DON JUAN: Obedéceme. *(Vase Ciutti)*

ESCENA VIII

Don Juan y don Luis

DON JUAN: Don Luis,
pues de mí os habéis fiado
como dejáis demostrado
cuando a mi casa venís,
no dudaré en suplicaros,
pues mi valor conocéis,
que un instante me aguardéis.
DON LUIS: Yo nunca puse reparos
en valor que es tan notorio,
mas no me fío de vos.
DON JUAN: Ved que las partes son dos
de la apuesta con Tenorio,
y que ganadas están.
DON LUIS: ¿Lograsteis a un tiempo...?
DON JUAN: Sí,
la del convento está aquí;
y pues viene de don Juan
a reclamarla quien puede,
cuando me podéis matar
no debo asunto dejar
tras mí que pendiente quede.
DON LUIS: Pero mirad que meter
quien puede el lance impedir
entre los dos, puede ser...
DON JUAN: ¿Qué?
DON LUIS: Excusaos de reñir.
DON JUAN: ¡Miserable...! De don Juan
podéis dudar sólo vos;
mas aquí entrad, ¡vive Dios!
y no tengáis tanto afán
por vengaros, que este asunto
arreglado con ese hombre,

don Luis, yo os juro a mi nombre
que nos batimos al punto.

DON LUIS: Pero...

DON JUAN: ¡Con una legión
de diablos! Entrad aquí,
que harta nobleza es en mí
aun daros satisfacción.
Desde ahí ved y escuchad;
franca tenéis esa puerta.
Si veis mi conducta incierta,
como os acomode obrad.

DON LUIS: Me avengo, si muy reacio
no andáis.

DON JUAN: Calculadlo vos
a placer; mas ¡vive Dios!
que para todo hay espacio.
(Entra don Luis en el cuarto que don Juan le señala)
Ya suben. *(Don Juan escucha)*

DON GONZALO: *(Dentro)* ¿Dó está?

DON JUAN: Él es.

ESCENA IX

Don Juan y don Gonzalo

DON GONZALO: ¿Adónde está ese traidor?

DON JUAN: Aquí está, comendador.

DON GONZALO: ¿De rodillas?

DON JUAN: Y a tus pies.

DON GONZALO: Vil eres hasta en tus crímenes.

DON JUAN: Anciano, la lengua ten,
y escúchame un solo instante.

DON GONZALO: ¿Qué puede en tu lengua haber
que borre lo que tu mano
escribió en este papel?

Ir a sorprender, ¡infame!,
la cándida sencillez
de quien no pudo el veneno
de esas letras precaver.
¡Derramar en su alma virgen
traidoramente la hiel
en que rebosa la tuya,
seca de virtud y fe!
¡Proponerse así enlodar
de mis timbres la alta prez,
como si fuera un harapo
que desecha un mercader!
¿Ése es el valor, Tenorio,
de que blasonas? ¿Ésa es
la proverbial osadía
que te da al vulgo a temer?
¿Con viejos y con doncellas
la muestras...? Y, ¿para qué?
¡Vive Dios! Para venir
sus plantas así a lamer,
mostrándote a un tiempo ajeno
de valor y de honradez.

DON JUAN: ¡Comendador!

DON GONZALO: ¡Miserable!
Tú has robado a mi hija Inés
de su convento, y yo vengo
por tu vida o por mi bien.

DON JUAN: Jamás delante de un hombre
mi alta cerviz incliné,
ni he suplicado jamás,
ni a mi padre, ni a mi rey.
Y pues conservo a tus plantas
la postura en que me ves,
considera, don Gonzalo,
qué razón debo tener.

DON GONZALO: Lo que tienes es pavor
de mi justicia.

DON JUAN: ¡Pardiez!
Óyeme, comendador,
o tenerme no sabré,
y seré quien siempre he sido,
no queriéndolo ahora ser.

DON GONZALO: ¡Vive Dios!

DON JUAN: Comendador,
yo idolatro a doña Inés,
persuadido de que el cielo
me la quiso conceder
para enderezar mis pasos
por el sendero del bien.
No amé la hermosura de ella,
ni sus gracias adoré;
lo que adoro es la virtud,
don Gonzalo, en doña Inés.
Lo que justicias ni obispos
no pudieron de mí hacer
con cárceles y sermones,
lo pudo su candidez.
Su amor me torna en otro hombre,
regenerando mi ser,
y ella puede hacer un ángel
de quien un demonio fue.
Escucha, pues, don Gonzalo,
lo que te puede ofrecer
el audaz don Juan Tenorio
de rodillas a tus pies.
Yo seré esclavo de tu hija,
en tu casa viviré,
tú gobernarás mi hacienda
diciéndome esto ha de ser.
El tiempo que señalares,
en reclusión estaré,
cuantas pruebas exigieres
de mi audacia o mi altivez,
del modo que me ordenares,

con sumisión te daré.
Y cuando estime tu juicio
que la pueda merecer,
yo le daré un buen esposo,
y ella me dará el Edén.

DON GONZALO: Basta, don Juan; no sé cómo
me he podido contener,
oyendo tan torpes pruebas
de tu infame avilantez.
Don Juan, tú eres un cobarde
cuando en la ocasión te ves,
y no hay bajeza a que no oses
como te saque con bien.

DON JUAN: ¡Don Gonzalo!

DON GONZALO: Y me avergüenzo
de mirarte así a mis pies,
lo que apostabas por fuerza
suplicando por merced.

DON JUAN: Todo así se satisface,
don Gonzalo, de una vez.

DON GONZALO: ¡Nunca! ¡Nunca! ¿Tú, su esposo?
Primero la mataré.
Ea, entregádmela al punto,
o, sin poderme valer,
en esa postura vil
el pecho te cruzaré.

DON JUAN: Míralo bien, don Gonzalo,
que vas a hacerme perder
con ella hasta la esperanza
de mi salvación tal vez.

DON GONZALO: ¿Y qué tengo yo, don Juan,
con tu salvación que ver?

DON JUAN: ¡Comendador, que me pierdes!

DON GONZALO: ¡Mi hija!

DON JUAN: Considera bien
que por cuantos medios pude
te quise satisfacer,

y que con armas al cinto
tus denuestos toleré,
proponiéndote la paz
de rodillas a tus pies.

ESCENA X

Dichos y don Luis, soltando una carcajada de burla

DON LUIS: Muy bien, don Juan.
DON JUAN: ¡Vive Dios!
DON GONZALO: ¿Quién es ese hombre?
DON LUIS: Un testigo
de su miedo, y un amigo,
comendador, para vos.
DON JUAN: ¡Don Luis!
DON LUIS: Ya he visto bastante,
don Juan, para conocer
cuál uso puedes hacer
de tu valor arrogante;
y quien hiere por detrás
y se humilla en la ocasión,
es tan vil como el ladrón
que roba y huye.
DON JUAN: ¿Esto más?
DON LUIS: Y pues la ira soberana
de Dios junta, como ves,
al padre de doña Inés
y al vengador de doña Ana,
mira el fin que aquí te espera
cuando a igual tiempo te alcanza,
aquí dentro su venganza
y la justicia allí afuera.
DON GONZALO: ¡Oh! Ahora comprendo... ¿Sois vos
el que...?

DON LUIS: Soy don Luis Mejía,
a quien a tiempo os envía
por vuestra venganza Dios.

DON JUAN: ¡Basta, pues, de tal suplicio!
Si con hacienda y honor
ni os muestro ni doy valor
a mi franco sacrificio,
y la leal solicitud
conque ofrezco cuanto puedo
tomáis, ¡vive Dios!, por miedo
y os mofáis de mi virtud,
os acepto el que me dais
plazo breve y perentorio,
para mostrarme el Tenorio
de cuyo valor dudáis.

DON LUIS: Sea, y cae a nuestros pies
digno al menos de esa fama
que por tan bravo te aclama.

DON JUAN: Y venza el infierno, pues.
Ulloa, pues mi alma así
vuelves a hundir en el vicio,
cuando Dios me llame a juicio,
tú responderás por mí.
(Le da un pistoletazo)

DON GONZALO: *(Cayendo)*
¡Asesino!

DON JUAN: Y tú, insensato,
que me llamas vil ladrón,
di en prueba de tu razón
que cara a cara te mato.
(Riñen, y le da una estocada)

DON LUIS: *(Cayendo)*
¡Jesús!

DON JUAN: Tarde tu fe ciega
acude al cielo, Mejía,
y no fue por culpa mía;

	pero la justicia llega,
	y a fe que ha de ver quién soy.
CIUTTI:	*(Dentro)*
	¡Don Juan!
DON JUAN:	*(Asomándose al balcón)*
	¿Quién es?
CIUTTI:	*(Dentro)* Por aquí;
	salvaos.
DON JUAN:	¿Hay paso?
CIUTTI:	Sí;
	arrojaos.
DON JUAN:	Allá voy.
	Llamé al cielo, y no me oyó,
	y pues sus puertas me cierra,
	de mis pasos en la tierra
	responda el cielo y no yo.
	(Se arroja por el balcón, y se le oye caer en el agua del río, al mismo tiempo que el ruido de los remos muestra la rapidez del barco en el que parte; se oyen golpes en las puertas de la habitación; poco después entra la justicia, soldados, etc.)

ESCENA XI

Alguaciles, soldados; luego, doña Inés y Brígida

ALGUACIL 1.°:	El tiro ha sonado aquí.
ALGUACIL 2.°:	Aún hay humo.
ALGUACIL 1.°:	¡Santo Dios!
	Aquí hay un cadáver.
ALGUACIL 2.°:	Dos.
ALGUACIL 1.°:	¿Y el matador?
ALGUACIL 2.°:	Por allí.
	(Abren el cuarto en que están doña

Inés y Brígida, y las sacan a la escena; doña Inés reconoce el cadáver de su padre)

ALGUACIL 1.°: ¡Dos mujeres!
DOÑA INÉS: ¡Ah, qué horror!
¡Padre mío!
ALGUACIL 2.°: ¡Es su hija!
BRÍGIDA: Sí.
DOÑA INÉS: ¡Ay! ¿Dó estás, don Juan, que aquí
me olvidas en tal dolor?
ALGUACIL 2.°: Él le asesinó.
DOÑA INÉS: ¡Dios mío!
¿Me guardabas esto más?
ALGUACIL 2.°: Por aquí ese Satanás
se arrojó, sin duda, al río.
ALGUACIL 2.°: Miradlos... A bordo están
del bergantín calabrés.
TODOS: ¡Justicia por doña Inés!
DOÑA INÉS: Pero no contra don Juan.

TELÓN

SEGUNDA PARTE

ACTO PRIMERO

La sombra de doña Inés

Panteón de la familia Tenorio. El teatro representa un magnífico cementerio, hermoseado a manera de jardín. En primer término, aislados y de bulto, los sepulcros de don Gonzalo de Ulloa, de doña Inés y de don Luis Mejía, sobre los cuales se ven sus estatuas de piedra. El sepulcro de don Gonzalo, a la derecha, y su estatua de rodillas; el de don Luis, a la izquierda, y su estatua también de rodillas; el de doña Inés, en el centro, y su estatua en pie. En segundo término, otros dos sepulcros en la forma que convenga, y en el tercer término, y en puesto elevado, el sepulcro y estatua del fundador don Diego Tenorio, en cuya figura remata la perspectiva de los sepulcros. Una pared llena de nichos y lápidas circuye el cuadro hacia el horizonte. Dos llorones a cada lado de la tumba de doña Inés, dispuestos a servir de manera que a su tiempo exige el juego escénico. Cipreses y flores de todas clases embellecen la decoración, que no debe tener nada de horrible. La acción se supone en una tranquila noche de verano y alumbrada por una clarísima luna.

ESCENA PRIMERA

El escultor, disponiéndose a marchar

ESCULTOR: Pues, señor, es cosa hecha:
el alma del buen don Diego
puede, a mi ver, con sosiego
reposar muy satisfecha.
La obra está rematada
con cuanta suntuosidad
su postrera voluntad
dejó al mundo encomendada.
Y ya quisieran, ¡pardiez!,
todos los ricos que mueren
que su voluntad cumplieren
los vivos, como esta vez.
Mas ya de marcharme es hora:
todo corriente lo dejo,
y de Sevilla me alejo
al despuntar de la aurora.
¡Ah! Mármoles que mis manos
pulieron con tanto afán,
mañana os contemplarán
los absortos sevillanos;
y al mirar de este panteón
las gigantes proporciones,
tendrán las generaciones
la nuestra en veneración.
Mas yendo y viniendo días,
se hundirán unas tras otras,
mientras en pie estaréis vosotras,
póstumas memorias mías.
¡Oh! Frutos de mis desvelos,
peñas a quien yo animé
y por quienes arrostré
la intemperie de los cielos;

el que forma y ser os dio,
va ya a perderos de vista;
¡velad mi gloria de artista,
pues viviréis más que yo!
Mas, ¿quién llega?

ESCENA II

El escultor y don Juan, que entra embozado

ESCULTOR: Caballero
DON JUAN: Dios le guarde.
ESCULTOR: Perdonad,
mas ya es tarde, y...
DON JUAN: Aguardad
un instante, porque quiero
que me expliquéis...
ESCULTOR: ¿Por acaso
sois forastero?
DON JUAN: Años ha
que falto de España ya,
y me chocó el ver al paso,
cuando a esas verjas llegué,
que encontraba este recinto
enteramente distinto
de cuando yo lo dejé.
ESCULTOR: Yo lo creo; como que esto
era entonces un palacio
y hoy es panteón el espacio
donde aquél estuvo puesto.
DON JUAN: ¡El palacio hecho panteón!
ESCULTOR: Tal fue de su antiguo dueño
la voluntad, y fue empeño
que dio al mundo admiración.

DON JUAN: ¡Y, por Dios, que es de admirar!
ESCULTOR: Es una famosa historia,
a la cual debo mi gloria.
DON JUAN: ¿Me la podéis relatar?
ESCULTOR: Sí; aunque muy sucintamente,
pues me aguardan.
DON JUAN: Sea.
ESCULTOR: Oíd
la verdad pura.
DON JUAN: Decid,
que me tenéis impaciente.
ESCULTOR: Pues habitó esta ciudad
y este palacio, heredado,
un varón muy estimado
por su noble calidad.
DON JUAN: Don Diego Tenorio.
ESCULTOR: El mismo.
Tuvo un hijo este don Diego
peor mil veces que el fuego,
un aborto del abismo,
mozo sangriento y cruel,
que, con tierra y cielo en guerra,
dicen que nada en la tierra
fue respetado por él.
Quimerista, seductor
y jugador con ventura,
no hubo para él segura
vida, ni hacienda, ni honor.
Así le pinta la historia,
y si tal era, por cierto
que obró cuerdamente el muerto
para ganarse la gloria.
DON JUAN: Pues, ¿cómo obró?
ESCULTOR: Dejó entera
su hacienda al que la empleara
en panteón que asombrara
a la gente venidera.

Mas con condición que dijo,
que se enterraran en él
los que a la mano cruel
sucumbieron de su hijo.
Y mirad en derredor
los sepulcros de los más
de ellos.

DON JUAN: ¿Y vos sois quizás
el conserje?

ESCULTOR: El escultor
de estas obras encargado.

DON JUAN: ¡Ah! ¿Y las habéis concluido?

ESCULTOR: Ha un mes; mas me he detenido
hasta ver ese enverjado
colocado en su lugar,
pues he querido impedir
que pueda el vulgo venir
este sitio a profanar.

DON JUAN: *(Mirando)*
¡Bien empleó sus riquezas
el difunto!

ESCULTOR: ¡Ya lo creo!
Miradle allí.

DON JUAN: Ya le veo.

ESCULTOR: ¿Le conocisteis?

DON JUAN: Sí.

ESCULTOR: Piezas
son todas muy parecidas,
y a conciencia trabajadas.

DON JUAN: ¡Cierto que son extremadas!

ESCULTOR: ¿Os han sido conocidas
las personas?

DON JUAN: Todas ellas.

ESCULTOR: ¿Y os parecen bien?

DON JUAN: Sin duda,
según lo que a ver me ayuda
el fulgor de las estrellas.

ESCULTOR: ¡Oh! Se ven como de día
con esta luna tan clara.
Ésta es mármol de Carrara.
(Señalando a la de don Luis)

DON JUAN: ¡Buen busto es el de Mejía!
¡Hola! Aquí el comendador
se representa muy bien.

ESCULTOR: Yo quise poner también
la estatua del matador
entre sus víctimas pero
no pude a manos haber
su retrato. Un Lucifer
dicen que era el caballero
don Juan Tenorio.

DON JUAN: ¡Muy malo!
Mas como pudiera hablar,
le había algo de abonar
la estatua de don Gonzalo.

ESCULTOR: ¿También habéis conocido
a don Juan?

DON JUAN: Mucho.

ESCULTOR: Don Diego
le abandonó desde luego
desheredándole.

DON JUAN: Ha sido
para don Juan poco daño
ése, porque la fortuna
va tras él desde la cuna.

ESCULTOR: Dicen que ha muerto.

DON JUAN: Es engaño;
vive.

ESCULTOR: ¿Y dónde?

DON JUAN: Aquí, en Sevilla.

ESCULTOR: ¿Y no teme que el furor
popular...?

DON JUAN: En su valor
no ha echado el miedo semilla.

ESCULTOR: Mas cuando vea el lugar
en que está ya convertido
el solar que suyo ha sido,
no osará en Sevilla estar.

DON JUAN: Antes ver tendrá a fortuna
en su casa reunidas
personas de él conocidas,
puesto que no odia a ninguna.

ESCULTOR: ¿Creéis que ose aquí venir?

DON JUAN: ¿Por qué no? Pienso, a mi ver,
que donde vino a nacer
justo es que venga a morir.
Y pues le quitan su herencia
para enterrar a éstos bien,
a él es muy justo también
que le entierren con decencia.

ESCULTOR: Sólo a él le está prohibida
en este panteón la entrada.

DON JUAN: Trae don Juan muy buena espada,
y no sé quién se lo impida.

ESCULTOR: ¡Jesús! ¡Tal profanación!

DON JUAN: Hombre es don Juan que, a querer,
volverá el palacio a hacer
encima del panteón.

ESCULTOR: ¿Tan audaz ese hombre es
que aun a los muertos se atreve?

DON JUAN: ¿Qué respetos gastar debe
con los que tendió a sus pies?

ESCULTOR: ¿Pero no tiene conciencia
ni alma ese hombre?

DON JUAN: Tal vez no,
que al cielo una vez llamó
con voces de penitencia,
y el cielo, en trance tan fuerte,
allí mismo le metió,
que a dos inocentes dio,
para salvarse, la muerte.

ESCULTOR: ¡Qué monstruo, supremo Dios!
DON JUAN: Podéis estar convencido
de que Dios no le ha querido.
ESCULTOR: Tal será.
DON JUAN: Mejor que vos.
ESCULTOR: (¿Y quién será el que a don Juan
abona con tanto brío?)
Caballero, a pesar mío,
como aguardándome están...
DON JUAN: Idos, pues, enhorabuena.
ESCULTOR: He de cerrar.
DON JUAN: No cerréis
y marchaos.
ESCULTOR: Mas, ¿no veis...?
DON JUAN: Veo una noche serena,
y un lugar que me acomoda
para gozar su frescura,
y aquí he de estar a mi holgura,
si pesa a Sevilla toda.
ESCULTOR: ¿Si acaso padecerá
de locura, desvaríos?
DON JUAN: *(Dirigiéndose a las estatuas)*
Ya estoy aquí, amigos míos.
ESCULTOR: ¿No lo dije? Loco está.
DON JUAN: Mas, ¡cielos, qué es lo que veo!
O es ilusión de mi vista,
o a doña Inés el artista
aquí representa, creo.
ESCULTOR: Sin duda.
DON JUAN: ¿También murió?
ESCULTOR: Dicen que de sentimiento
cuando de nuevo al convento
abandonada volvió
por don Juan.
DON JUAN: ¿Y yace aquí?
ESCULTOR: Sí.
DON JUAN: ¿La visteis muerta vos?

ESCULTOR: Sí.
DON JUAN: ¿Cómo estaba?
ESCULTOR: ¡Por Dios,
que dormida la creí!
La muerte fue tan piadosa
con su cándida hermosura,
que le envió la frescura
y las tintas de la rosa.
DON JUAN: ¡Ah! Mal la muerte podría
deshacer con torpe mano
el semblante soberano
que un ángel envidiaría.
¡Cuán bella y cuán parecida
su efigie en el mármol es!
¡Quién pudiera, doña Inés,
volver a darte la vida!
¿Es obra del cincel vuestro?
ESCULTOR: Como todas las demás.
DON JUAN: Pues bien merece algo más
un retrato tan maestro.
Tomad.
ESCULTOR: ¿Qué me dais aquí?
DON JUAN: ¿No lo veis?
ESCULTOR: Mas..., caballero...,
¿por qué razón?
DON JUAN: Porque quiero
yo que os acordéis de mí.
ESCULTOR: Mirad que están bien pagadas.
DON JUAN: Así lo estarán mejor.
ESCULTOR: Mas vamos de aquí, señor,
que aún las llaves entregadas
no están, y al salir la aurora
tengo que partir de aquí.
DON JUAN: Entregádmelas a mí,
y marchaos desde ahora.
ESCULTOR: ¿A vos?
DON JUAN: A mí; ¿qué dudáis?

Escultor: Como no tengo el honor...
Don Juan: Ea, acabad, escultor.
Escultor: Si el nombre al menos que usáis
supiera...
Don Juan: ¡Viven los cielos!
Dejad a don Juan Tenorio
velar el lecho mortuorio
en que duermen sus abuelos.
Escultor: ¡Don Juan Tenorio!
Don Juan: Yo soy.
Y si no me satisfaces,
compañía juro que haces
a tus estatuas desde hoy.
Escultor: *(Alargándole las llaves)*
Tomad.
No quiero la piel
dejar aquí entre sus manos.
Ahora, que los sevillanos
se las compongan con él. *(Vase)*

ESCENA III

Don Juan

Don Juan: Mi buen padre empleó en esto
entera la hacienda mía;
hizo bien: yo al otro día
la hubiera a una carta puesto.
(Pausa)
No os podéis quejar de mí,
vosotros a quien maté;
si buena vida os quité,
buena sepultura os di.
¡Magnífica es en verdad
la idea de tal panteón!

Y... siento que al corazón
le halaga esta soledad.
¡Hermosa noche...! ¡Ay de mí!
¡Cuántas como ésta tan puras,
en infames aventuras
desatinado perdí!
¡Cuántas, al mismo fulgor
de esa luna transparente,
arranqué a algún inocente
la existencia o el honor!
Sí, después de tantos años
cuyos recuerdos me espantan,
siento que en mí se levantan
pensamientos en mí extraños.
¡Oh! Acaso me los inspira
desde el cielo, en donde mora,
esa sombra protectora
que por mi mal no respira.
(Se dirige a la estatua de doña Inés,
hablándole con respeto)
Mármol en quien doña Inés
en cuerpo sin alma existe,
deja que el alma de un triste
llore un momento a tus pies.
De azares mil a través
conservé tu imagen pura,
y pues la mala ventura
te asesinó de don Juan,
contempla con cuánto afán
vendrá hoy a tu sepultura.
En ti nada más pensó
desde que se fue de ti,
y desde que huyó de aquí,
sólo en volver meditó.
Don Juan tan sólo esperó
de doña Inés su ventura,
y hoy que en pos de su hermosura

vuelve el infeliz don Juan,
mira cuál será su afán
al dar con tu sepultura.
Inocente doña Inés,
cuya hermosa juventud
encerró en el ataúd
quien llorando está a tus pies;
si de esa piedra a través
puedes mirar la amargura
del alma que tu hermosura
adoró con tanto afán,
prepara un lado a don Juan
en tu misma sepultura.
Dios te crió por mi bien,
por ti pensé en la virtud,
adoré su excelsitud
y anhelé su santo edén.
Sí; aun hoy mismo en ti también
mi esperanza se asegura
que oigo una voz que murmura
en derredor de don Juan
palabras con que su afán
se calma en tu sepultura.
¡Oh, doña Inés de mi vida!
Si esa voz con quien deliro
es el postrimer suspiro
de tu eterna despedida;
si es que de ti desprendida
llega esa voz a la altura,
y hay un Dios tras esa anchura
por donde los astros van,
dile que mire a don Juan
llorando en tu sepultura.
(Se apoya en el sepulcro, ocultando el rostro; y mientras se conserva en esta postura, un vapor que se levanta del sepulcro oculta la estatua de doña

Inés. Cuando el vapor se desvanece, la estatua ha desaparecido. Don Juan sale de su enajenamiento)
Este mármol sepulcral
adormece mi vigor,
y sentir creo en redor
un ser sobrenatural.
Mas... ¡cielos! ¡El pedestal
no mantiene su escultura!
¿Qué es esto? ¿Aquella figura
fue creación de mi afán?

ESCENA IV

Don Juan y la sombra de doña Inés. El llorón y las flores de la izquierda del sepulcro de doña Inés se cambian en una apariencia, dejando ver dentro de ella, y en medio de resplandores, la sombra de doña Inés

Sombra: No; mi espíritu, don Juan,
te aguardó en mi sepultura.
Don Juan: *(De rodillas)*
¡Doña Inés! Sombra querida,
alma de mi corazón,
¡no me quites la razón
si me has de dejar la vida!
Si eres imagen fingida,
sólo hija de mi locura,
no aumentes mi desventura
burlando mi loco afán.
Sombra: Yo soy doña Inés, don Juan,
que te oyó en su sepultura.
Don Juan: ¿Conque vives?
Sombra: Para ti;
mas tengo mi purgatorio

en ese mármol mortuorio
que labraron para mí.
Yo a Dios mi alma ofrecí
en precio de tu alma impura,
y Dios, al ver la ternura
con que te amaba mi afán,
me dijo: «Espera a don Juan
en tu misma sepultura.
Y pues quieres ser tan fiel
a un amor de Satanás,
con don Juan te salvarás,
o te perderás con él.
Por él vela: mas si cruel
te desprecia tu ternura,
y en su torpeza y locura
sigue con bárbaro afán,
llévese tu alma don Juan
de tu misma sepultura».

DON JUAN: *(Fascinado)*
¡Yo estoy soñando quizás
con las sombras de un Edén!

SOMBRA: No, y ve que si piensas bien,
a tu lado me tendrás;
mas si obras mal, causarás
nuestra eterna desventura.
Y medita con cordura
que es esta noche, don Juan,
el espacio que nos dan
para buscar sepultura.
Adiós, pues; y en la ardua lucha
en que va entrar tu existencia,
de tu dormida conciencia,
la voz que va a alzarse escucha;
porque es de importancia mucha
meditar con sumo tiento
la elección de aquel momento
que, sin poder evadirnos,

al mal o al bien ha de abrirnos
la losa del monumento.
(Ciérrase la apariencia; desaparece doña Inés, y todo queda como al principio del acto, menos la estatua de doña Inés, que no vuelve a su lugar. Don Juan queda atónito)

ESCENA V

Don Juan

Don Juan:

¡Cielos!, ¿qué es lo que escuché?
¡Hasta los muertos así
dejan sus tumbas por mí!
Mas sombra, delirio fue.
Yo en mi mente la forjé;
la imaginación le dio
la forma en que se mostró,
y ciego vine a creer
en la realidad de un ser
que mi mente fabricó.
Mas nunca de modo tal
fanatizó mi razón
mi loca imaginación
con su poder ideal.
Sí, algo sobrenatural
vi en aquella doña Inés
tan vaporosa, a través
aun de esa enramada espesa;
mas... ¡bah! Circunstancia es ésa
que propia de sombra es.
¿Qué más diáfano y sutil
que las quimeras de un sueño?
¿Dónde hay nada más risueño,

más flexible y más gentil?
¿Y no pasa veces mil
que, en febril exaltación,
ve nuestra imaginación
como ser y realidad
la vacía vanidad
de una anhelada ilusión?
Sí, por Dios, ¡delirio fue!
Mas su estatua estaba aquí.
Sí, yo la vi y la toqué,
y aun en albricias le di
al escultor no sé qué.
¡Y ahora, sólo el pedestal
veo en la urna funeral!
¡Cielos! ¿La mente me falta,
o de improviso me asalta
algún vértigo infernal?
¿Qué dijo aquella visión?
Yo soy vuestro matador,
como al mundo es bien notorio;
si en vuestro alcázar mortuorio
me aprestáis venganza fiera,
daos prisa; aquí os espera
otra vez don Juan Tenorio.

ESCENA VI

Don Juan, el capitán Centellas y Avellaneda

CENTELLAS: *(Dentro)*
¿Don Juan Tenorio?

DON JUAN: *(Volviendo en sí)* ¿Qué es eso?
¿Quién me repite mi nombre?

AVELLANEDA: *(Saliendo)*
¿Veis alguien? *(A Centellas)*

CENTELLAS: *(Saliendo)* Sí; allí hay un hombre.
DON JUAN: ¿Quién va?
AVELLANEDA: Él es.
CENTELLAS: *(Yéndose a don Juan)*
Yo pierdo el seso
con la alegría. ¡Don Juan!
AVELLANEDA: ¡Señor Tenorio!
DON JUAN: ¡Apartaos,
vanas sombras!
CENTELLAS: Reportaos,
señor don Juan... Los que están
en vuestra presencia ahora,
no son sombras, hombres son,
y hombres cuyo corazón
vuestra amistad atesora.
A la luz de las estrellas
os hemos reconocido,
y un abrazo hemos venido
a daros.
DON JUAN: Gracias, Centellas.
CENTELLAS: Mas, ¿qué tenéis? ¡Por mi vida
que os tiembla el brazo, y está
vuestra faz descolorida!
DON JUAN: *(Recobrando su aplomo)*
La luna tal vez lo hará.
AVELLANEDA: Mas, don Juan, ¿qué hacéis aquí?
¿Este sitio conocéis?
DON JUAN: ¿No es un panteón?
CENTELLAS: ¿Y sabéis
a quién pertenece?
DON JUAN: A mí;
mirad a mi alrededor,
y no veréis más que amigos
de mi niñez, o testigos
de mi audacia y mi valor.
CENTELLAS: Pero os oímos hablar:
¿con quién estabais?

DON JUAN: Con ellos.
CENTELLAS: ¿Venís aún a escarnecellos?
DON JUAN: No; los vengo a visitar.
Mas un vértigo insensato
que la mente me asaltó,
un momento me turbó;
y a fe que me dio un mal rato.
Esos fantasmas de piedra
me amenazaban tan fieros,
que a mí acercado a no haberos
pronto.
CENTELLAS: ¡Ja, ja, ja! ¿Os arredra,
don Juan como a los villanos,
el temor de los difuntos?
DON JUAN: No a fe; contra todos juntos
tengo aliento y tengo manos.
Si volvieran a salir
de las tumbas en que están,
a las manos de don Juan
volverían a morir.
Y desde aquí en adelante
sabed, señor Capitán,
que yo soy siempre don Juan,
y no hay cosa que me espante.
Un vapor calenturiento
un punto me fascinó,
Centellas, mas ya pasó;
cualquier duda un momento.
AVELLANEDA:
CENTELLAS: } Es verdad.
DON JUAN: Vamos de aquí.
CENTELLAS: Vamos, y nos contaréis
cómo a Sevilla volvéis
tercera vez.
DON JUAN: Lo haré así.
Si mi historia os interesa
y a fe que oírse merece,

aunque mejor me parece
que la oigáis de sobremesa.
¿No opináis...?

AVELLANEDA:
CENTELLAS: } Como gustéis.

DON JUAN: Pues bien, cenaréis conmigo,
y en mi casa.

CENTELLAS: Pero digo,
¿es cosa de que dejéis
algún huésped por nosotros?
¿No tenéis gato encerrado?

DON JUAN: ¡Bah! Si apenas he llegado;
no habrá allí más que vosotros
esta noche.

CENTELLAS: ¿Y no hay tapada
a quien algún plantón demos?

DON JUAN: Los tres solos cenaremos.
Digo, si de esta jornada
no quiere igualmente ser
alguno de éstos.
(Señalando a las estatuas de los sepulcros)

CENTELLAS: Don Juan,
dejad tranquilos yacer
a los que con Dios están.

DON JUAN: ¡Hola! ¿Parece que vos
sois ahora el que teméis,
y mala cara ponéis
a los muertos? Mas, ¡por Dios,
que ya que de mí os burlasteis
cuando me visteis así,
en lo que penda de mí
os mostraré cuánto errasteis!
Por mí, pues, no ha de quedar
y, a poder ser, estad ciertos
que cenaréis con los muertos,

y os los voy a convidar.

AVELLANEDA: Dejaos de esas quimeras.

DON JUAN: ¿Duda en mi valor ponerme,
cuando hombre soy para hacerme
platos de sus calaveras?
Yo, a nada tengo pavor.
(Dirigiéndose a la estatua de don Gonzalo, que es la que tiene más cerca)
Tú eres el más ofendido;
mas, si quieres, te convido
a cenar, comendador.
Que no lo puedas hacer
creo, y es lo que me pesa;
mas, por mi parte, en la mesa
te haré un cubierto poner.
Y a fe que favor me harás,
pues podré saber de ti
si hay más mundo que el de aquí,
y otra vida, en que jamás,
a decir verdad, creí.

CENTELLAS: Don Juan, eso no es valor;
locura, delirio es.

DON JUAN: Como lo juzguéis mejor;
yo cumplo así. Vamos, pues.
Lo dicho, comendador.

OSCURO

ACTO SEGUNDO

La estatua de don Gonzalo

Aposento de don Juan Tenorio. Dos puertas en el fondo a derecha e izquierda, preparadas para el juego escénico del acto. Otra puerta en el bastidor que cierra la decoración por la izquierda. Ventana en el de la derecha. Al alzarse el telón, están sentados a la mesa don Juan, Centellas y Avellaneda. La mesa, ricamente servida; el mantel cogido con guirnaldas de flores, etc. Enfrente del espectador, don Juan, y a su izquierda, Avellaneda; en el lado izquierdo de la mesa, Centellas, y en el de enfrente de éste, una silla y un cubierto desocupados.

ESCENA PRIMERA

Don Juan, el capitán Centellas, Avellaneda,
Ciutti y un paje

DON JUAN: Tal es mi historia, señores:
pagado de mi valor,
quiso el mismo Emperador
dispensarme sus favores.
Y aunque oyó mi historia entera,
dijo: «Hombre de tanto brío
merece el amparo mío;
vuelva a España cuando quiera»;
y heme aquí en Sevilla ya.

Centellas:	¡Y con qué lujo y riqueza!
Don Juan:	Siempre vive con grandeza
	quien hecho a grandeza está.
Centellas:	A vuestra vuelta.
Don Juan:	Bebamos.
Centellas:	Lo que no acierto a creer
	es cómo, llegando ayer,
	ya establecido os hallamos.
Don Juan:	Fue el adquirirme, señores,
	tal casa con tal boato,
	porque se vendió a barato,
	para pago de acreedores.
	Y como al llegar aquí
	desheredado me hallé,
	tal como está la compré.
Centellas:	¿Amueblada y todo?
Don Juan:	Sí.
	Un necio que se arruinó
	por una mujer vendiola.
Centellas:	¿Y vendió la hacienda sola?
Don Juan:	Y el alma al diablo.
Centellas:	¿Murió?
Don Juan:	De repente; y la justicia,
	que iba a hacer de cualquier modo
	pronto despacho de todo,
	viendo que yo su codicia
	saciaba, pues los dineros
	ofrecía dar al punto,
	cediome el caudal por junto
	y estafó a los usureros.
Centellas:	Y la mujer, ¿qué fue de ella?
Don Juan:	Un escribano la pista
	le siguió, pero fue lista
	y escapó.
Centellas:	¿Moza?
Don Juan:	Y muy bella.

CENTELLAS: Entrar hubiera debido
en los muebles de la casa.
DON JUAN: Don Juan Tenorio no pasa
moneda que se ha perdido.
Casa y bodega he comprado,
dos cosas que, no os asombre,
pueden bien hacer a un hombre
vivir siempre acompañado;
como lo puede mostrar
vuestra agradable presencia,
que espero que con frecuencia
me hagáis ambos disfrutar.
CENTELLAS: Y nos haréis honra inmensa.
DON JUAN: Y a mí vos. ¡Ciutti!
CIUTTI: Señor.
DON JUAN: Pon vino al comendador.
(Señalando al vaso del puesto vacío)
CENTELLAS: Don Juan, ¿aún en eso piensa
vuestra locura?
DON JUAN: ¡Sí, a fe!
Que si él no puede venir,
de mí no podréis decir
que en ausencia no le honré.
CENTELLAS: ¡Ja, ja, ja! Señor Tenorio,
creo que vuestra cabeza
va menguando en fortaleza.
DON JUAN: Fuera en mí contradictorio
y ajeno de mi hidalguía,
a un amigo convidar
y no guardarle lugar
mientras que llegar podría.
Tal ha sido mi costumbre
siempre, y siempre ha de ser ésa;
y al mirar sin él la mesa
me da, en verdad, pesadumbre.
Porque si el comendador

es, difunto, tan tenaz
como vivo, es muy capaz
de seguirnos el humor.

CENTELLAS: Brindemos a su memoria,
y más en él no pensemos.

DON JUAN: Sea.

CENTELLAS: Brindemos.

AVELLANEDA: Brindemos.

CENTELLAS: A que Dios le dé su gloria.

DON JUAN: Mas yo, que no creo que haya
más gloria que esta mortal,
no hago mucho en brindis tal;
¡mas por complaceros, vaya!
Y brindo a que Dios te dé
la gloria, comendador.
(Mientras beben, se oye lejos un aldabonazo, que se supone dado en la puerta de la calle)
Mas, ¿llamaron?

CIUTTI: Sí, señor.

DON JUAN: Ve quién.

CIUTTI: *(Asomando por la ventana)*
A nadie se ve.
¿Quién va allá? Nadie responde.

CENTELLAS: Algún chusco.

AVELLANEDA: Algún menguado
que al pasar habrá llamado,
sin mirar siquiera dónde.

DON JUAN: *(A Ciutti)*
Pues cierra y sirve licor.
(Llaman otra vez más recio)
Mas, ¿llamaron otra vez?

CIUTTI: Sí.

DON JUAN: Vuelve a mirar.

CIUTTI: ¡Pardiez!
A nadie veo, señor.

DON JUAN: ¡Pues, por Dios, que del bromazo
quien es no se ha de alabar!
Ciutti, si vuelve a llamar,
suéltale un pistoletazo.
(Llaman otra vez y se oye un poco más cerca)
¿Otra vez?

CIUTTI: ¡Cielos!

CENTELLAS: }
AVELLANEDA: } ¿Qué pasa?

CIUTTI: Que esa aldabada postrera
ha sonado en la escalera,
no en la puerta de la casa.

AVELLANEDA: }
CENTELLAS: } ¿Qué dices? *(Levantándose asombrados)*

CIUTTI: Digo lo cierto,
nada más: dentro han llamado
de la casa.

DON JUAN: ¿Qué os ha dado?
¿Pensáis ya que sea el muerto?
Mis armas cargué con bala:
Ciutti, sal a ver quién es.
(Vuelven a llamar más cerca)

AVELLANEDA: ¿Oísteis?

CIUTTI: ¡Por San Ginés,
que eso ha sido en la antesala!

DON JUAN: ¡Ah! Ya lo entiendo: me habéis
vosotros mismos dispuesto
esta comedia, supuesto
que lo del muerto sabéis.

AVELLANEDA: Yo os juro, don Juan...

CENTELLAS: Y yo.

DON JUAN: ¡Bah! Diera en ello el más topo,
y apuesto a que ese galopo
los medios para ello os dio.

AVELLANEDA: Señor don Juan, escondido
algún misterio hay aquí.
(Vuelven a llamar más cerca)

CENTELLAS: ¡Llamaron otra vez!

CIUTTI: Sí,
y ya en el salón ha sido.

DON JUAN: ¡Ya! Mis llaves en manojo
habréis dado a la fantasma,
y que entre así no me pasma;
mas no saldrá a vuestro antojo,
ni me han de impedir cenar
vuestras farsas desdichadas.
(Se levanta y corre los cerrojos de la puerta del fondo, volviendo a su lugar)
Ya están las puertas cerradas;
ahora el coco, para entrar,
tendrá que echarlas al suelo
y en el punto que lo intente,
que con los muertos se cuente
y apele después al cielo.

CENTELLAS: ¡Qué diablos, tenéis razón!

DON JUAN: Pues, ¿no temblabais?

CENTELLAS: Confieso.
Que en tanto que no di en eso,
tuve un poco de aprensión.

DON JUAN: ¿Declaráis, pues, vuestro enredo?

AVELLANEDA: Por mi parte, nada sé.

CENTELLAS: Ni yo.

DON JUAN: Pues yo volveré
contra el inventor el miedo,
mas sigamos con la cena;
vuelva cada uno a su puesto,
que luego sabremos de esto.

AVELLANEDA: Tenéis razón.

DON JUAN: *(Sirviendo a Centellas)*
Cariñena:
sé que os gusta, capitán.

CENTELLAS: Como que somos paisanos.
DON JUAN: *(A Avellaneda sirviéndole de la otra botella)*
Jerez a los sevillanos,
don Rafael.
AVELLANEDA: Hais, don Juan,
dado a entrambos por el gusto;
¿mas con cuál brindaréis vos?
DON JUAN: Yo haré justicia a los dos.
CENTELLAS: Vos siempre estáis en lo justo.
DON JUAN: Sí, a fe; bebamos.
AVELLANEDA:
CENTELLAS: } Bebamos.
(Llaman a la puerta de la escena, fondo derecha)
DON JUAN: Pesada me es ya la broma;
mas veremos quién asoma
mientras en la mesa estamos.
(A Ciutti, que se manifiesta asombra do)
¿Y qué haces tú ahí, bergante?
¡Listo! Trae otro manjar. *(Vase Ciutti)*
Mas me ocurre en este instante que
nos podemos mofar
de los de afuera, invitándoles
a probar su sutileza
entrándose hasta esta pieza
y sus puertas no franqueándoles.
AVELLANEDA: Bien dicho.
CENTELLAS: Idea brillante.
(Llaman fuerte, fondo derecha)
DON JUAN: ¡Señores! ¿A qué llamar?
Los muertos se han de filtrar
por la pared; adelante.
(La estatua de don Gonzalo pasa por la puerta sin abrirla y sin hacer ruido)

ESCENA II

Don Juan, Centellas, Avellaneda
y la estatua de don Gonzalo

CENTELLAS: ¡Jesús!
AVELLANEDA: ¡Dios mío!
DON JUAN: ¡Qué es esto!
AVELLANEDA: Yo desfallezco. *(Cae desvanecido)*
CENTELLAS: Yo expiro. *(Cae lo mismo)*
DON JUAN: ¡Es realidad o deliro!
Es su figura..., su gesto.
ESTATUA: ¿Por qué te causa pavor
quien convidado a tu mesa
viene por ti?
DON JUAN: ¡Dios! ¿No es ésa
la voz del comendador?
ESTATUA: Siempre supuse que aquí
no me habías de esperar.
DON JUAN: Mientes, porque hice arrimar
esa silla para ti.
Llega, pues, para que veas
que aunque dudé en un extremo
de sorpresa, no te temo,
aunque el mismo Ulloa seas.
ESTATUA: ¿Aún lo dudas?
DON JUAN: No lo sé.
ESTATUA: Pon, si quieres, hombre impío,
tu mano en el mármol frío
de mi estatua.
DON JUAN: ¿Para qué?
Me basta oírlo de ti:
cenemos, pues; mas te advierto...
ESTATUA: ¿Qué?
DON JUAN: Que si no eres muerte,
lo vas a salir de aquí.
¡Eh! Alzad. *(A Centellas y Avellaneda)*

ESTATUA: No pienses, no,
que se levanten, don Juan;
porque en sí no volverán
hasta que me ausente yo.
Que la divina clemencia
del Señor para contigo
no requiere más testigo
que tu juicio y tu conciencia.
Al sacrílego convite
que me has hecho en el panteón,
para alumbrar tu razón
Dios asistir me permite.
Y heme que vengo en su nombre
a enseñarte la verdad;
y es: que hay una eternidad
tras de la vida del hombre.
Que numerados están
los días que has de vivir,
y que tienes que morir
mañana mismo, don Juan.
Mas como esto que a tus ojos
está pasando, supones,
ser del alma aberraciones
y de la apresión antojos,
Dios, en su santa clemencia,
te concede todavía
un plazo hasta el nuevo día
para ordenar tu conciencia.
Y su justicia infinita
porque conozcas mejor,
espero de tu valor
que me pagues la visita.
¿Irás, don Juan?

DON JUAN: Iré, sí;
mas me quiero convencer
de lo vago de tu ser

antes que salgas de aquí.
(Coge una pistola)

ESTATUA: Tu necio orgullo delira,
don Juan; los hierros más gruesos
y los muros más espesos
se abren a mi paso; mira.
(Desaparece la estatua, sumiéndose por la pared)

ESCENA III

Don Juan, Centellas y Avellaneda

DON JUAN: ¡Cielos! Su esencia se trueca,
el muro hasta penetrar,
cual mancha de agua que seca
el ardor canicular.
¿No me dijo: «El mármol toca
de mi estatua». ¿Cómo, pues,
se desvanece una roca?
¡Imposible! Ilusión es.
Acaso su antiguo dueño
mis cubas envenenó,
y el licor tan vano ensueño
en mi mente levantó.
¡Mas si estas que sombras creo
espíritus reales son,
que por celestial empleo
llaman a mi corazón...!
Entonces, para que iguale
su penitencia don Juan
con sus delitos, ¿qué vale
el plazo ruin que le dan...?
¡Dios me da tan sólo un día...!
Si fuese Dios en verdad,
a más distancia pondría

su aviso y mi eternidad.
«Piensa bien que al lado tuyo
me tendrás...», dijo de Inés
la sombra; y si bien arguyo,
pues no la veo, sueño es.
(Transparéntese en la pared la sombra de doña Inés)

ESCENA IV

Don Juan, la sombra de doña Inés y Centellas

SOMBRA: Aquí estoy.
DON JUAN: ¡Cielos!
SOMBRA: Medita
lo que al buen comendador
has oído y ten valor
para acudir a su cita.
Un punto se necesita
para morir con ventura:
elígele con cordura,
porque mañana, don Juan,
nuestros cuerpos dormirán
en la misma sepultura.
(Desaparece la sombra)

ESCENA V

Don Juan, Centellas y Avellaneda

DON JUAN: Tente, doña Inés, espera;
y si me amas en verdad,
hazme al fin la realidad

distinguir de la quimera.
Alguna más duradera
señal dame, que segura
me pruebe que no es locura
lo que imagina mi afán,
para que baje don Juan
tranquilo a la sepultura.
Mas ya me irrita, por Dios,
verme por todos burlado,
corriendo desatentado
siempre de sombras en pos.
¡Oh! Tal vez todo esto ha sido
por estos dos preparado,
y mientras se ha ejecutado,
su privación han fingido.
Mas, por Dios, que si es así,
se han de acordar de don Juan.
¡Eh! Don Rafael, capitán,
ya basta, alzaos de ahí.
(Don Juan mueve a Centellas y a Avellaneda, que se levantan como quien vuelve de un profundo sueño)

CENTELLAS: ¿Quién va?
DON JUAN: Levantad.
AVELLANEDA: ¿Qué pasa?
¡Hola, sois vos!
CENTELLAS: ¿Dónde estamos?
DON JUAN: Caballeros, claros vamos.
Yo os he traído a mi casa,
y temo que a ella, al venir,
con artificio apostado
habéis, sin duda, pensado
a costa mía reír;
mas basta ya de ficción
y concluid de una vez.
CENTELLAS: Yo no os entiendo.

AVELLANEDA: ¡Pardiez!
Tampoco yo.

DON JUAN: Es conclusión:
¿nada habéis visto ni oído?

AVELLANEDA:
CENTELLAS: ¿De qué?

DON JUAN: No finjáis ya más.

CENTELLAS: Yo no he fingido jamás,
señor don Juan.

DON JUAN: ¡Habrá sido
realidad! ¿Contra Tenorio
las piedras se han animado
y su vida han acotado
con plazo tan perentorio?
Hablad, pues, por compasión.

CENTELLAS: ¡Voto va a Dios! ¡Ya comprendo
lo que pretendéis!

DON JUAN: Pretendo
que me deis una razón
de lo que ha pasado aquí,
señores, o juro a Dios
que os haré ver a los dos
que no hay quien me burle a mí.

CENTELLAS: Pues ya que os formalizáis,
don Juan, sabed que sospecho
que vos la burla habéis hecho
de nosotros.

DON JUAN: ¡Me insultáis!

CENTELLAS: No, por Dios; mas si cerrado
seguís en que aquí han venido
fantasmas, lo sucedido
oíd cómo me he explicado.
Yo he perdido aquí del todo
los sentidos, sin exceso
de ninguna especie, y eso,
lo entiendo yo de este modo.

DON JUAN:	A ver, decídmelo, pues.
CENTELLAS:	Vos habéis compuesto el vino,
	semejante desatino
	para encajarnos después.
DON JUAN:	¡Centellas!
CENTELLAS:	Vuestro valor
	al extremo por mostrar,
	convidasteis a cenar
	con vos al comendador.
	Y para poder decir
	que a vuestro convite exótico
	asistió, con un narcótico
	nos habéis hecho dormir.
	Si es broma, puede pasar;
	mas a ese extremo llevada,
	ni puede probarnos nada,
	ni os la hemos de tolerar.
AVELLANEDA:	Soy de la misma opinión.
DON JUAN:	¡Mentís!
CENTELLAS:	Vos.
DON JUAN:	Vos, capitán.
CENTELLAS:	Esa palabra, don Juan...
DON JUAN:	La he dicho de corazón.
	Mentís; no son a mis bríos
	menester falsos portentos,
	porque tienen mis alientos
	su mejor prueba en ser míos.
AVELLANEDA: CENTELLAS: }	Veamos. *(Ponen mano a las espadas)*
DON JUAN:	Poned a tasa
	vuestra furia, y vamos fuera,
	no piense después cualquiera
	que os asesiné en mi casa.
AVELLANEDA:	Decís bien, mas somos dos.
CENTELLAS:	Reñiremos, si os fiáis,
	el uno del otro en pos.

DON JUAN:	O los dos, como queráis.
CENTELLAS:	¡Villano, fuera, por Dios!
	Elegid uno, don Juan,
	por primero.
DON JUAN:	Sedlo vos.
CENTELLAS:	Vamos.
DON JUAN:	Vamos, capitán.

OSCURO

ACTO TERCERO

Misericordia de Dios y apoteosis del amor

Panteón de la familia Tenorio. Como estaba en el acto primero de la segunda parte, menos las estatuas de doña Inés y de don Gonzalo, que no están en su lugar.

ESCENA PRIMERA

Don Juan, embozado y distraído, entra en la escena lentamente

DON JUAN:

Culpa mía no fue; delirio insano
me enajenó la mente acalorada.
Necesitaba víctimas mi mano
que inmolar a mi fe desesperada,
y al verlos en mitad de mi camino,
presa les hice allí de mi locura.
No fui yo, ¡vive Dios! ¡Fue su destino!
Sabían mi destreza y mi ventura.
¡Oh! Arrebatado el corazón me siento
por vértigo infernal... Mi alma perdida
va cruzando el desierto de la vida
cual hoja seca que arrebata el viento.
Dudo..., temo..., vacilo... En mi cabeza
siento arder un volcán... Muevo la planta
sin voluntad, y humilla mi grandeza

un no sé qué de grande que me
espanta.
(Un momento de pausa)
¡Jamás mi orgullo concibió que
hubiere
nada más que el valor...! Que se
aniquila
el alma con el cuerpo cuando
muere
creí..., mas hoy mi corazón vacila.
¡Jamás creí en fantasmas...!
¡Desvaríos!
Mas del fantasma aquel, pese a mi
aliento,
los pies de piedra caminando
siento,
por doquiera que voy, tras de los
míos.
¡Oh! Y me trae a este sitio irresistible,
misterioso poder...
*(Levanta la cabeza y ve que no está
en su pedestal la estatua de don
Gonzalo)*
Pero, ¡qué veo!
¡Falta de allí su estatua!... Sueño
horrible,
déjame de una vez... ¡No,
no te creo!
Sal, huye de mi mente fascinada,
fatídica ilusión... Estás en vano
con pueriles asombros empeñada
en agotar mi aliento sobrehumano.
Si todo es ilusión, mentido sueño,
nadie me ha de aterrar con trampantojos;
si es realidad, querer es necio empeño
aplacar de los cielos los enojos.

No; sueño o realidad, del todo anhelo
vencerle o que me venza; y si piadoso
busca tal vez mi corazón el cielo,
que lo busque más franco y generoso.
La efigie de esa tumba me ha invitado
a venir a buscar prueba más cierta
de que la verdad en que dudé
obstinado...
Heme aquí, pues, comendador,
despierta.
[Llama al sepulcro del comendador. Este sepulcro se cambia en una mesa que parodia horriblemente la mesa en que comieron en el acto anterior don Juan, Centellas y Avellaneda. En vez de las guirnaldas que cogían en pabellones sus manteles, de sus flores y lujoso servicio, culebras, huesos y fuego, etc. (A gusto del pintor). Encima de esta mesa aparece un plato de ceniza, una copa de fuego y un reloj de arena. Al cambiarse este sepulcro, todos los demás se abren y dejan paso a las osamentas de las personas que se suponen enterradas en ellos, envueltas en sus sudarios. Sombras, espectros y espíritus pueblan el fondo de la escena. La tumba de doña Inés permanece cerrada]

ESCENA II

Don Juan, la estatua de don Gonzalo y las sombras

ESTATUA: Aquí me tienes, don Juan,
y he aquí que vienen conmigo

los que tu eterno castigo
de Dios reclamando están.

DON JUAN: ¡Jesús!

ESTATUA: ¿Y de qué te alteras
si nada hay que a ti te asombre,
y para hacerte eres hombre
platos con sus calaveras?

DON JUAN: ¡Ay de mí!

ESTATUA: ¿Qué? ¿El corazón
te desmaya?

DON JUAN: No lo sé;
concibo que me engañé;
¡no son sueños..., ellos son!
(Mirando a los espectros)
Pavor jamás conocido
el alma fiera me asalta,
y aunque el valor no me falta,
me va faltando el sentido.

ESTATUA: Esto es, don Juan, que se va
concluyendo tu existencia,
y el plazo de tu sentencia
está cumpliéndose ya.

DON JUAN: ¡Qué dices!

ESTATUA: Lo que hace poco
que doña Inés te avisó,
lo que te he avisado yo,
y lo que olvidaste loco.
Mas el festín que me has dado
debo volverte, y así
llega, don Juan, que yo aquí
cubierto te he preparado.

DON JUAN: ¿Y qué es lo que ahí me das?

ESTATUA: Aquí fuego, allí ceniza.

DON JUAN: El cabello se me eriza.

ESTATUA: Te doy lo que tú serás.

DON JUAN: ¡Fuego y ceniza he de ser!

ESTATUA: Cual los que ves en redor:

en eso para el valor,
la juventud y el poder.

DON JUAN: Ceniza, bien; ¡pero fuego...!

ESTATUA: El de la ira omnipotente,
do arderás eternamente
por tu desenfreno ciego.

DON JUAN: ¿Conque hay otra vida más
y otro mundo que el de aquí?
¿Conque es verdad, ¡ay de mí!,
lo que no creí jamás?
¡Fatal verdad que me hiela
la sangre en el corazón!
Verdad que mi perdición
solamente me revela.
¿Y ese reló?

ESTATUA: Es la medida
de tu tiempo.

DON JUAN: ¡Expira ya!

ESTATUA: Sí; en cada grano se va
un instante de tu vida.

DON JUAN: ¿Y éstos me quedan no más?

ESTATUA: Sí.

DON JUAN: ¡Injusto Dios! Tu poder
me haces ahora conocer,
cuando tiempo no me das
de arrepentirme.

ESTATUA: Don Juan,
un punto de contrición
da a un alma la salvación,
y ese punto aún te lo dan.

DON JUAN: ¡Imposible! ¡En un momento
borrar treinta años malditos
de crímenes y delitos!

ESTATUA: Aprovéchale con tiento,
(Tocan a muerto)
porque el plazo va a expirar,
y las campanas doblando

por ti están y están cavando
la fosa en que te han de echar.
(Se oye a lo lejos el oficio de difuntos)

Don Juan: ¿Conque por mí doblan?
Estatua: Sí.
Don Juan: ¿Y esos cantos funerales?
Estatua: Los salmos penitenciales
que están cantando por ti.
(Se ve pasar por la izquierda luz de hachones, y rezan dentro)

Don Juan: ¿Y aquel entierro que pasa?
Estatua: Es el tuyo.
Don Juan: ¡Muerto yo!
Estatua: El capitán te mató
a la puerta de tu casa.
Don Juan: Tarde la luz de la fe
penetra en mi corazón,
pues crímenes mi razón
a su luz tan sólo ve.
Los ve... y con horrible afán,
porque al ver su multitud,
ve a Dios en su plenitud,
de su ira contra don Juan.
¡Ah! Por doquiera que fui
la razón atropellé,
la virtud escarnecí
y a la justicia burlé,
y emponzoñé cuando vi.
Yo a las cabañas bajé,
y a los palacios subí,
y los claustros escalé;
y pues tal mi vida fue,
no, no hay perdón para mí.
¡Mas ahí estáis todavía
(A los fantasmas)

con quietud tan pertinaz!
Dejadme morir en paz
a solas con mi agonía.
Mas con esa horrenda calma,
¿qué me auguráis, sombras fieras?
¿Qué esperáis de mí?

ESTATUA: Que mueras
para llevarse tu alma.
Y adiós, don Juan; ya tu vida
toca a su fin y pues vano
todo fue, dame la mano
en señal de despedida.

DON JUAN: ¿Muéstrasme ahora amistad?

ESTATUA: Sí, que injusto fui contigo,
y Dios me manda tu amigo
volver a la eternidad.

DON JUAN: Toma, pues.

ESTATUA: Ahora, don Juan,
pues desperdicias también
el momento que te dan,
conmigo al infierno ven.

DON JUAN: ¡Aparta, piedra fingida!
Suelta, suéltame esa mano,
que aún queda el último grano
en el reló de mi vida.
Suéltala, que si es verdad
que un punto de contrición
da a un alma la salvación
de toda una eternidad,
yo, Santo Dios, creo en Ti:
si es mi maldad inaudita,
tu piedad es infinita...
¡Señor, ten piedad de mí!

ESTATUA: Ya es tarde.
(Don Juan se hinca de rodillas, tendiendo al cielo la mano que le deja libre la estatua. Las sombras, esquele-

tos, etc., van a abalanzarse sobre él, en cuyo momento se abre la tumba de doña Inés y aparece ésta. Doña Inés toma la mano que don Juan tiende al cielo)

ESCENA III

Don Juan, la estatua de don Gonzalo, doña Inés, sombras, etc

Doña Inés: ¡No! Heme ya aquí,
don Juan: mi mano asegura
esta mano que a la altura
tendió tu contrito afán,
y Dios perdona a don Juan
al pie de la sepultura.

Don Juan: ¡Dios clemente! ¡Doña Inés!

Doña Inés: Fantasmas, desvaneceos;
su fe nos salva...; volveos
a vuestros sepulcros, pues.
La voluntad de Dios es:
de mi alma con la amargura
purifiqué su alma impura,
y Dios concedió a mi afán
la salvación de don Juan
al pie de la sepultura.

Don Juan: ¡Inés de mi corazón!

Doña Inés: Yo mi alma he dado por ti,
y Dios te otorga por mí
tu dudosa salvación.
Misterio que en comprensión
no cabe de criatura,
y sólo en vida más pura
los justos comprenderán

que el amor salvó a don Juan
al pie de la sepultura.
Cesad, cantos funerales;
(Cesa la música y salmodia)
callad, mortuorias campanas;
(Dejan de tocar a muerto)
ocupad, sombras livianas,
vuestras urnas sepulcrales;
(Vuelven los esqueletos a sus tumbas, que se cierran)
volved a los pedestales,
animadas esculturas;
(Vuelven las estatuas a sus lugares)
y las celestes venturas
en que los justos están,
empiecen para don Juan
en las mismas sepulturas.
(Las flores se abren y dan paso a varios angelitos, que rodean a doña Inés y a don Juan, derramando sobre ellos flores y perfumes, y al son de una música dulce y lejana se ilumina el teatro con luz de aurora. Doña Inés cae sobre un lecho de flores, que quedará a la vista, en lugar de su tumba, que desaparece)

ESCENA ÚLTIMA

Doña Inés, don Juan y los ángeles

DON JUAN: ¡Clemente Dios, gloria a Ti!
Mañana a los sevillanos
aterrará el creer que a manos
de mis víctimas caí.

Mas es justo: quede aquí
al universo notorio
que, pues me abre el purgatorio
un punto de penitencia,
es el Dios de la clemencia
el Dios de don Juan Tenorio.
(Cae don Juan a los pies de doña Inés, y mueren ambos. De sus bocas salen sus almas representadas en dos brillantes llamas, que se pierden en el espacio al son de la música)

TELÓN

ÍNDICE

Introducción 5
Cronología 33
Don Juan Tenorio 37

PRIMERA PARTE

Acto primero Libertinaje y escándalo 39
Acto segundo Destreza 71
Acto tercero Profanación 95
Acto cuarto El diablo a las puertas del cielo 113

SEGUNDA PARTE

Acto primero La sombra de doña Inés 139
Acto segundo La estatua de don Gonzalo 159
Acto tercero Misericordia de Dios y apoteosis del amor 175